JN056556

なぜ、認知症のある人とうまくかかわれないのか？

本人の声から学ぶ実践メソッド

認知症専門医
Ishihara Tetsuro
石原哲郎

中央法規

はじめに

この本を手に取っていただき、ありがとうございます。

あなたは、認知症のある人の症状が少しでも改善すればいいのに……。もう少し認知症のある人とうまくやっていきたい……。そんな思いをお持ちかもしれません。この本は、そんなあなたが現状を整理して、前を向いて一歩を踏み出すお手伝いをしようとする本です。

私は、もともと神経内科医として、身近なところでは、頭痛、めまい、しびれなどの症状がある方の診療を行ってきました。また、脳梗塞、脳出血などの脳卒中や認知症、パーキンソン病、筋萎縮性側索硬化症（ALS）などの脳にかかわる難病の治療にあたってきました。そして現在は、精神科診療所で診療しています。その経験からも、認知症は脳に主な原因のある数多くの病気のなかでも、社会的な影響を受けている病気だと思います。

というのも、これまで多くの認知症にかかわる専門職やメディアは、認知症になると運転してはいけない、道に迷うので歩いてはいけない、最後は入院や入所しかない悲惨な病気だと喧伝（けんでん）してきました。多くの専門職もそれを否定しませんでした。本人もこんな説明をされれば、暗澹（あんたん）たる気持ちにもなります。

認知症と診断された体験を伝える活動をしている佐藤雅彦さん、藤田和子さん、丹野智文さんなどは、診断直後に「早期診断、早期絶望」という言葉のような体験があったと言います。私は出会いの前倒しをして、このような体験をする人を1人でも少なくしたい。認知症と診断された人や家族、周囲の人が、認知症と診断されてからもよりよく生活し続けて欲しいと思っています。

この本では、3つのことを述べていきます。

- 認知症という病とともに生きる人の人権
- 認知症のある人と周囲の人との関係の重要性
- 認知症についての正しい知識と情報

この3つの視点からアプローチすることで、認知症のある人との関係性をお互いにより深く、充実したものにすることができると思います。この3つの視点は、認知症のある人のみならず、家族や専門職にも笑顔の時間を増やしてくれます。この考え方には日本はもとより、認知症のある人の人権に先進的に取り組んでいるスコットランドで出会った人々の生き方、リンクワーカー制度などがふんだんに取り込まれています。また、ビジネス理論や紛争解決学を用いた考え方もお伝えします。

ぜひ皆さんと一緒に、1人ひとりの笑顔の時間を増やしていければと思っております。

なぜ、認知症のある人とうまくかかわれないのか？

本人の声から学ぶ実践メソッド

目次

第2章
なぜ、認知症のある人への支援はうまくいかないのか？

第3章 認知症のある人とのかかわりで大切な3つの要素とそのアプローチ

3

第4章 認知症のある人とのよりよいかかわりの実践事例

終章

認知症の有無にかかわらず住みやすいまちを作るために

この本のタイトルは、著者と認知症とともに生きる「希望大使」の丹野智文さんが一緒に考えたものです。

第1章

認知症のある人とともに歩む診療

私の診療スタイルと学んできたこと

1 現在の診療で心がけていること

私の一風変わった外来診療

私は現在、診療所で認知症の診断および診断後支援を行う外来診療をしています。診断後支援という言葉になじみがないかもしれません。認知症と診断された後の病状をみながら、日々の生活について本人、家族、そしてかかわる専門職とともに考えていく外来です。

外来には、認知機能低下が心配な人から、他院で診断されて10年以上経っている人も来られます。徒歩で来る人からリクライニング車いすで寝た状態の人までさまざまです。本人の望む生活をおくることができている人も、そうでない人もいます。

私は、けっして日本屈指のエキスパートというわけではありません。しかし、研究者や専門職の方が診察を見学すると「こんな外来見たことがない」と言います。とある精神科医療について研究されている先生は、「あまりにも自然体で、人情にあふれていて温かく、素晴らしい精神療法が目の前で展開されていて、度肝を抜かれた」とメールをくださいました。自分なりに一生懸命やっているつもりなので嬉しい言葉でしたが、私は神経内科医ですし、精神科医として医局などでトレーニングを積んだわけでもないので滅相もないですと申し上げました。

この診療スタイルは、認知症のある本人からアドバイスをいただいたり、本人の話を聴く努力を続けているうちにできたものです。ちょっと恥ずかしいですが、これから私の診察についてお話ししたいと思います。

認知症の話から始まらない認知症外来

まず、私は認知症を心配されている外来患者さんと初めてお会いしたとき、いきなり症状や病状をお話しすることはありません。多くの方は認知症という病気について、なりたくない、困るなど、恐れを抱いています。そのような気持ちのまま診断を受けると、自分の存在自体を否定されるように感じることもあります。ですから本人が語りやすいように、生存本能がおびやかされないと感じていただくように、同じ1人の「人」として接する時間を持つように心がけています。

初診でお越しの方の診察ですとざっと**図表1-1**のような流れになります。

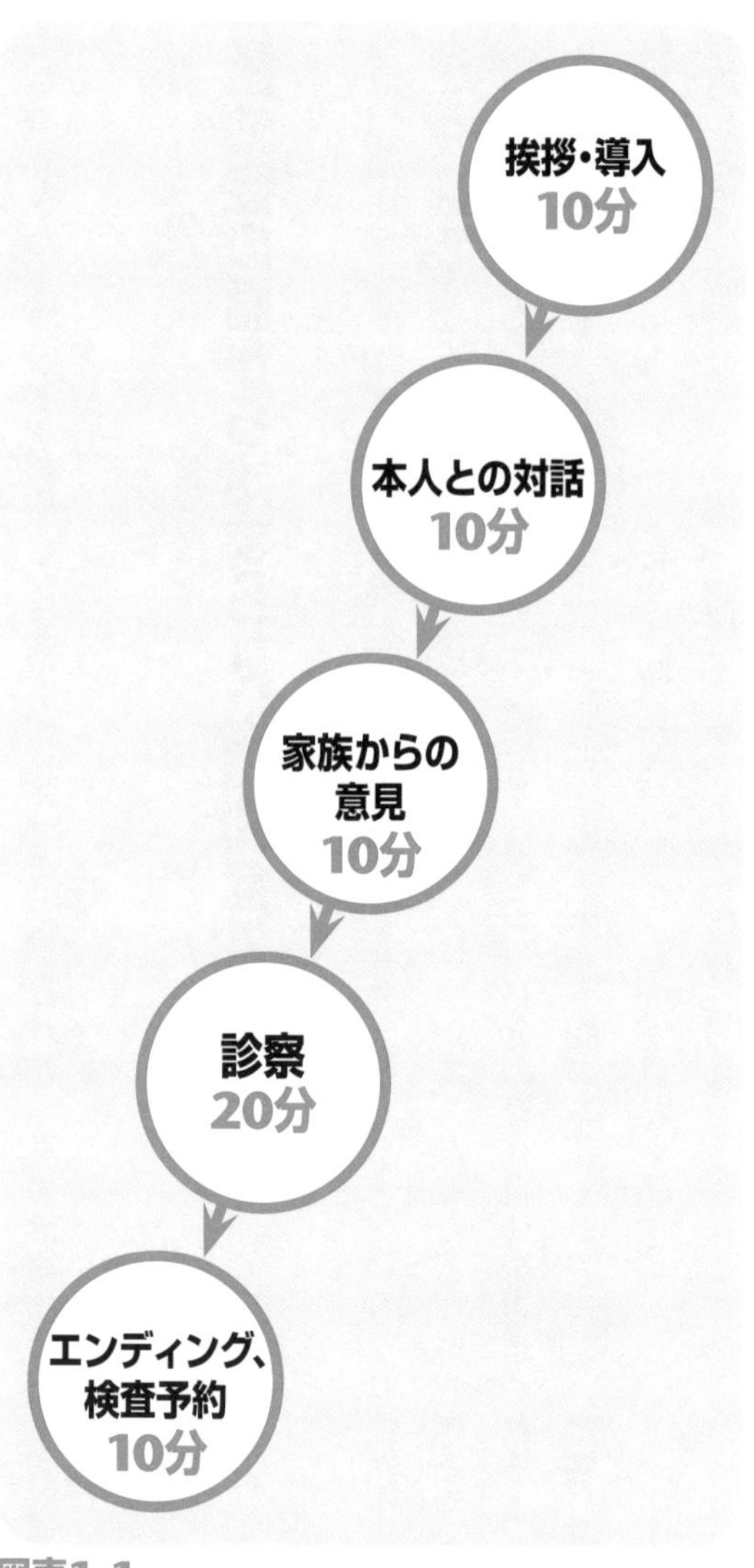

図表1-1●
もの忘れ外来の初診外来の時間の目安

診察室では、まず私が待合室にうかがい、名前をお呼びします。「おはようございます！」とか「こんにちは！」と挨拶をして、名前を確認し、私も自己紹介をして名刺をお渡しします。このときに、名刺は家族ではなく、本人に渡します。

私が診察している机のすぐ横に、真正面ではなく45度から90度ぐらいで向き合うように座っていただきます。家族やケアマネジャーには、まずご本人からお話をうかがうことを説明し、静かに聴いてもらいます。

天気がよい日であれば「晴れてよかったですね！」、悪ければ「天候の悪いなか、ようこそお越しくださいました！」と感謝を伝えます。それから、ひとしきり「差支えない範囲でけっこうですので」と前置きをして、ご本人のこれまでのあゆみについてお話をうかがいます。たとえば、

- 今、どちらに住んでいますか？
- ご出身はどちらですか？
- ずっとそちらにお住まいでしょうか？
- お仕事はどんなことをされていますか？
- 趣味は何ですか？　今でも続けていますか？
- 今は何人でお住まいですか？

家族が訂正することもありますが、後で聴きますと伝えます。私はお気に入りの万年筆でカルテを書きながら、話を進めます。最近はiPad®に手書きすることもあります。

共通の話題、たとえば私と郷里が一緒だったり、好きな食べ物が一緒だったり、住まいが近ければ、近所のお店のことなど、わずかな時間でも一緒に会話を楽しみます。最近の出来事で印象的であったことなどもさらっと聞きます。あくまで診察ではなく会話として、その人を知りたいという興味を持って聴いています。

最初お会いしたときに相当顔がこわばっていた人も、5分もしないうちに好意的にお話をしてくだ

さるようになります。実は、このように認知症の話から始めないことが、認知機能低下についての相談事を話しやすくする秘訣なのです。他の人間関係と同じですね。

その後、「私は医師ですが、体調の具合はいかがですか？　お手伝いできることはありませんか？」さらに「もの忘れや脳の機能で気になることはありませんか？」とうかがいます。「その症状について他の医師にかかったことはないですか？」「治療はどうですか？」と続けます。

本人には聞こえていて、他人には聞こえていないこと（幻聴）などを話していても、興味を持って聴きます。肯定も否定もせず、ただただ聴きます。

その後、家族にも状況を尋ねてもよいか、本人に尋ねます。ついつい勝手に家族に本人のことを聞いてしまいがちですが、本人のことを他人に勝手に聞かないように注意しています。

多くの家族は、本人に協力的で「少しでも理解したい、よくなれば」という思いを持っていらっしゃいます。

診断においては、家族からの聞き取りは、記憶障害や障害に対する家族の認識や本人との〝ずれ〟を確認する上で重要な情報です。ただし確認するだけで、否定したり正したりすることはありません。

また、家族のなかには、長期にわたり適切な情報や介護保険制度を知らず孤立している場合もあります。本人との家族関係が良好な人も、うまくいってない人もいます。本人との生活に負担感を持つ家族もいます。

家族が「介護疲れ」のようなニュアンスで大声で話したり、本人の語りが妄想であるなどと批判的に話すと、診察室のなかに緊張が走ります。ののしり合いが始まることすらあります。そういうときも、あくまで「ご家族はそう思っておられるのですね。その点については、ご本人はどう思っておられるのですか?」と確認します。

ここまで聞いたことを簡単にまとめて、「ご本人はこう思っている、ご家族はこう思っている」と要約してお伝えしたところで、診察を行っていいか尋ねます。ほとんどの場合、許可をいただけますので、身体診察や簡易認知機能検査を行います。

もともと強制的に連れて来られている場合など、診療の前提となる信頼関係が結べないときは、無理はしません。そういう場合には「検査」にこだわらず、健康診断のような雰囲気で、身体の様子をうかがったり、最近の出来事を聴いたり、道に迷ったりすることはないか、生活上の道具の使用、日課の変化、体重の増減といった問診をご本人が協力いただける範囲で行っていきます。必要性があって、同意が得られれば採血、画像検査の予約などを行います。これでトータル1時間前後です。短い方も長い方もいらっしゃいます。本人に合わせて臨機応変に行っています

初診ですぐに薬剤を処方したり、判断したりすることは通常しません。本人からも家族からもそれぞれの意見を聴いて、「保留」にする状態です。特に家族はすぐにでもなんらかのアクションを起こして欲しいと思われていますが、緊急性が高くなければ、このまま検査結果を待っていただきます。

再診と結果説明
置かれている状況をていねいに伝える

検査結果は後日、原則として本人と家族一緒にお伝えしています。

家族のみならず、介護に携わっている職種の方でも「認知症の方には自覚がないから家族だけでよい」という方がいます。しかし、私の経験では、認知機能低下をきたして来院される方は、多かれ少なかれ以前よりも脳の機能が低下している感覚があるようです。これを「病識がない人はいるが、病感はほとんどの人にある」と表現する先生もいます。

もっとも、家族と本人とでは症状のとらえ方に大きな違いがあることは事実です。しかしその場にいて自分の病状について聞くことは、その人のこれからの人生にとって重要なことだと思います。

検査結果や本人の話から見えてきた症状について、それが脳の病気からきていることと、そうでないことを区別して説明をしたり、本人からの質問に答えたりすることを優先します。症状と本人がどのように付き合っていくか、その工夫などについても本人とその関係者に一緒に説明します。治療については**第3章第3節**で述べますが、選択肢をお伝えして本人に決めてもらいます。

今後の見通しなどは、後に述べるように、ほとんどの認知症の疾患は診断確率も高くないこともありますし、本当に人それぞれであると説明します。多くの場合、半年、1年の経過のなかで新たに出現した症状を踏まえてお話します。より重点的にお話するのは、同じ障害を持ちながら生活を続けている認知症のある人のエピソードです。今は、国内外で認知症のある人が病気を公表して、講演などで自分の望みを語っていることを伝えます。また、当院では自主的に認知症の経験者として自分の体験を伝える活動をしている方が、ピアサポート[*1]を定期的に行っています。このことについては、**第4章**で詳しく説明します。

本人の仲間を増やして家族の負担感を軽減する

家族に対する説明も重要です。物盗られ妄想などが起きている場合、妄想の対象となるのは、多くは一番身近でサポートしている人です。たとえばこんなアドバイスをします。「『盗ったでしょう！』と言われれば反論したくなる気持ちはわかりますが、直ちに否定するのではなく、『私には思い当たらないのだけれど、一緒に探しましょう。私の部屋もどうぞ見てください』と言って、盗られたと思っている人が調べたいと思うことを調べられるようにします。このとき、他人が見つけるとその人に疑惑が移ってしまうので注意が必要です。」

こういう話を家族にすると「先生、わかりました。やってみます！」と言ってくれる人もいます。しかし、すぐに「もう無理です」と肩を落とされる人もいます。そういう場合は、家族自身が生活面で大きな行き詰まりを感じています。家族のためにも、本人のためにもすぐに対応が必要です。

まずは家族が感じている困難を受け取りながら、家族相談や訪問作業療法などを活用して「本人の仲間を増やす」ということを提案します。そうすることで、本人の状況を把握しながら話すことができるようになり、本人と家族の間の空気がずいぶんと変わることが多くあります。仲間を増やすとき

＊1
ピアサポートとは、本人同士で経験を語り合うことです。自分自身がこうありたい、こうしたいという気持ちを分かち合うことによって、お互いに力を得ます。地域によってはセルフヘルプグループと呼ばれる活動があります。

も常に「誰に対する支援をしているのか」「認知症のある人を困った人扱いしない」ということに十分に注意します。こちらも**第4章**で詳しく述べます。

情緒的な共感の大切さ

最後に「今はどんなお気持ちですか? 質問はありませんか?」と尋ねます。多くの方はここで自分自身の理解についてお答えくださいます。そのとき、私は相手の心情を理解しようとしていることを五感で伝えます。

診察のなかでポジティブな気持ちを伝える人もいれば、喪失感や悲しみ、怒りをぶつける方もいます。そんな状況に、私もためらうことがあります。しかし、できるだけ本人の気持ちに共感し、多少なりともよい気持ちで診察室を出ていただけるように心がけています。

外来以外でも相談を受けることがあります。そんなときは時間も限られてしまうので、「もしも」という冊子を渡したり、ダウンロード先をお伝えします[*2]。そして、認知症の本人による本人のための相談窓口である「おれんじドア」や、本人が楽しめる認知症カフェをご紹介しています。

病院や施設の規模、地域によってかかわり方は異なると思いますが、もっとも大切なことは、本人を抜きにして家族や専門職だけで話をしない、決めないということです。実はそのようにしてから、私の診察はスムーズになりました。次の節では、なぜ私が本人本位の診察をするようになったのかをお話しします。

＊2 「もしも」は次のURLからダウンロードできます。https://www.dcnet.gr.jp/support/cafe/index.php

2 医師の私が認知症のある人とともに歩むようになったわけ

第1節でお話ししたとおり、私は小さな診療所で認知症の診断および診断後支援外来を行っています。そんな外来を行うにいたった理由をお話しします。

急性期病院の神経内科医として

私は医師となり、研修終了後に神経内科を専門にしました。神経内科には、実にさまざまな患者さんが来院されます。脳卒中の方をはじめ、髄膜炎、脳炎、身体が動かなくなるギランバレー症候群などの急性疾患、頭痛やしびれ、めまいといった自覚症状から紐解いていくような病気までありました。そのような病気のなかの1つとして認知症の診療にかかわっていました。

認知症の診療は外来で行っていました。家族から状況を聞いて、本人に認知機能テストや採血、画像検査をして、診断の方向性をつけるのが仕事だと考えていました。当時は他の先生の診療と大きな違いはなかったと思います。1つ違ったのは、診断後すぐにもとの紹介先のクリニックに逆紹介をする医師が大半でしたが、私は自分の処方した薬がどの程度効果があるのか心配だったため、しばらく紹介主と併診していただいていました。

診療では本人の言葉を聞いてはいましたが、今から思うと不十分であったと思います。家族の意向を聞き、穏やかな生活がおくれるように処方の調整をしていました。

その頃勤めていた急性期病院では、常に時間との戦いでした。特に脳卒中はすぐに対応が必要な病気なので、他の業務を一旦止めて、治療や検査指示を出します。夜間であれば、当番医師が呼び出され、入院の手続きを取ります。多いときは担当受け持ちの患者さんが30名に達することもありました。1年間で200名以上の入院の方を担当した時期もあります。もともとそれほど体力がなく、小中高の部活動や大学のサークル活動も続けられなかった私には、実に大変なことでした。

1人の人とじっくりお話しする余裕はなく、いかに効率よく仕事をするかを考えていました。現実的に患者さんが退院しないと、担当患者が増えてしまい、1人ひとりにかけられる時間が減るという悪循環になるのです。今から思うと非常に恥ずかしい話ですが、外来の認知症のある人に対しても、話が長くならなくするためにはどうしたらよいかと考えていました。家族の要望に合うように、薬を使って穏やかになるように調整していたと思います。しかし、うまくいくことはむしろ少なく、かえって転倒する人が増えることもありましたし、日中眠気で起きられなくなる人もいました。

大学院での治る認知症との出会い

その後、名古屋大学大学院で研究する機会をいただきました。大学院では、1年間は病棟での診療トレーニングを行います。これまで急性期病院で日々の診療に追われていた私にとって、他の先生の診療をみることができる貴重な機会でした。2年目からの研究テーマはさまざま検討しましたが、最終的に認知症になりました。

まず、パーキンソン病の認知機能障害の研究を行いました。パーキンソン病の人では、時々自制心が減って、ギャンブルで負けてばかりになるという衝動制御障害の傾向がみられるので、そのメカニズムを突き止めようと考えたのです。患者さんに認知機能検査や、ギャンブル傾向をみるテストを行って、脳の画像との関連を調べていました。しかし、残念ながら研究成果には至りませんでした。

次に私は、認知症に対するなんらかの治療介入の効果を検証したいと思い、指導いただいていた先生に相談して、肝硬変患者さんの認知機能について研究することになりました。肝硬変は、肝機能が低下して元に戻れなくなった状態で、肝炎ウイルスや先天異常、アルコール多飲などさまざまな原因で起こります。さらに進行すると肝不全を起こして亡くなります。脳に影響するメカニズムは、肝臓が悪くなると微量元素などの代謝やアンモニアなどの解毒ができなくなり、体内に過剰に蓄積され、脳にも沈着します。それらの原因により意識障害や認知機能低下を起こし、段取りがうまく整えられなくなったり、思考が緩慢になったり、動作がゆっくりになったりします。現在は、肝硬変が進行しても、条件がそろえば肝臓移植で肝機能を正常化することが可能です。日本では主に家族をドナーとした生体肝移植が行われています。実は、その生体肝移植を行うと、認知機能も運動機能も改善するのです［図表1-2］。つまり肝臓を取り換えると頭がよくなるということを目の当たりにしたのです。その後、複数の方の肝移植前後の認知機能を評価してまとめ、大学院の先生方の懇切丁寧な指導で英語論文にすることができました。

これが私の認知症のある人との一風変わった出会いです。

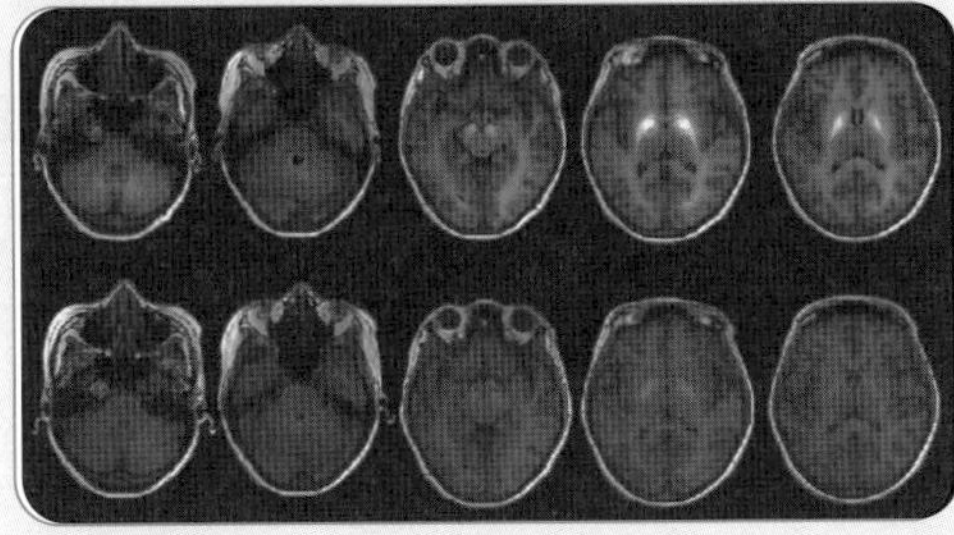

図表1-2●
肝硬変の人の脳の画像
出典：石原哲郎他
「生体肝移植によりパーキンソニズム、
認知機能の著明な改善をみとめた肝脳変性症の1例」
臨床神経学52巻8号、581～584ページ

パーソン・センタード・ケアと認知症ケアマッピングを知る

　大学院を出た後は再び勤務医として三重県にある急性期病院へ赴任しました。予想通り連日急性疾患の方の対応に追われ、ゆっくり診察を行うことは難しい状況になりました。認知症のある人とのかかわりは、相変わらずどう効率よく診療するかにかたよっていたと思います。

　そんなときに、私が認知症に興味を持っていることを知った上司から、認知症介護研究・研修大府センター長の柳務先生を紹介されました。柳先生からパーソン・センタード・ケアについて勉強することをご提案いただき、パーソン・センタード・ケアと認知症ケアマッピング（ＤＣＭ）について学びました。

　パーソン・センタード・ケアとは、**第3章第2節**で詳しく述べますが、認知症のある人とのかかわりに際して、パーソンフッド（人として見る）を大切にして、誠実なコミュニケーションを行うことです。認知症ケアの理念とも言われているパーソン・センタード・ケアを学び、「認知症のある人を人として見る」ことについて深く考える機会をもらいました。

　私はパーソン・センタード・ケアやＤＣＭの学びや実践から、認知症のある人の生活上の不自由さは、病気による原因だけではなく、周囲の人のかかわりが影響して、自らが望む生活をおくることができたり、できなかったりすることが日常的に起こっていることを理解しました。そして、私自身の診療を本人の意向中心に変えるきっかけとなりました。

多職種連携のための「くすのき手帳」の開発

ＤＣＭはもともと介護施設における、ケアの質向上のために開発されたものですが、私は病院で、いかにパーソン・センタード・ケアを浸透させて、本人視点で認知症のある人とかかわっていくかを考えるようになりました。また、当時は急性期病院でパーソン・センタード・ケアを行っている施設は少数で、院内デイケアによる入院中の過ごし方の改善を目標にされていました。

ただ、この頃の私は認知症のある人を入院でみる機会はなく、外来でのパーソン・センタード・ケアの活用法を考えていました。そこで、どうやったら認知症のある人の生活の質の向上ができるかを四日市市介護・高齢福祉課や四日市医師会の山中賢治先生をはじめとした先生方、現場のケアマネジャーとの対話を重ね、本人の視点を重視した多職種連携手帳の作成をすすめました。試行段階では家族や本人にも内容を見ていただき、「くすのき手帳」と名付けて発行しました。

この手帳は、前半でパーソン・センタード・ケアの考え方に基づいたかかわり方を簡単に説明し、後半では本人・家族、専門職、医師が情報を共有できるよう伝言を記入できるようになっています。短時間で簡単に情報が経時的に共有できる画期的なツールと認められて、２０１４年の日本認知症ケア学会で石崎賞をいただきました。この手帳は現在でも四日市市を中心に活用されています。

こう書くと順風満帆に思えますが、当時は度重なる当直と時間外の呼び出しがあり、体調を崩したり、認知症の勉強をもう少し続けたいという思いがあり、三重県からご縁のあった宮城県に移り住むことになりました。

特発性正常圧水頭症の研究と治療

私が次に赴任した東北大学の高次機能障害学分野では、認知症の研究がさかんに行われていました。1つは特発性正常圧水頭症（iNPH）の研究です。iNPHは認知症の原因の約1％と言われている病気です。なんらかの原因により髄液の産生と吸収のバランスが崩れて、脳の隙間のスペースに髄液がたまった状態になります。iNPHになると、動作が緩慢で歩行がたどたどしくなり、排尿障害（尿漏れ）をきたし、認知機能の低下がゆっくり進行します。認知機能は主に思考のスピードが低下したり、計算ができなくなったりします。記憶障害に関しては、アルツハイマー型認知症のようなエピソードをすべて忘れてしまうようなことは少ない傾向があります。

iNPHは早期であれば、脳にたまった余分な髄液をお腹のなかに流すシャント手術を行えます。歩行状態が改善して、排尿障害が減り、認知機能が改善します。高齢者に行うため、この手術の成功率は7割程度で、2割が不変、1割に合併症などが起こると言われています。シャント術が成功した人は、症状が大きく改善されます。改善した人の生活は目に見えてよくなります。初めてそれを見たときは、肝硬変の方の生体肝移植後の状態を見たときと同じようにとても驚きました。

レビー小体型認知症の研究に携わる

もう1つ幸運だったのは、レビー小体型認知症に対するドネペジル塩酸塩の研究を間近で見ることができたことです。当時、東北大学では森悦朗教授のもと臨床治験が行われており、より正確な診断方法が研究され、世界をけん引していました。

私はレビー小体型認知症の疑いとして検査入院された70代の男性の担当となりました。レビー小体型認知症では体の動きが少なくなり、転びやすくなったり、幻を見るようになったり、においがわからなくなるなど、多彩な症状をきたします。その方にドネペジル塩酸塩で治療をしたところ、幻視が著しく減少したのです。本人もとても喜んでいました。また、精神症状の重症度が計測でき、治療可能であるということは画期的なことでした。

私にとってiNPHやレビー小体型認知症の治療経験は、医師の診察能力が低いと当然受けられるはずの治療を受けられなくなる人がいることを実感した大きな出来事でした。それからは、これまでにも増して勉強するようになりました。

認知症の当事者とのかかわりの変化

その他にも大きな出来事がありました。「宮城の認知症をともに考える会」での出会いです。私は、当時の会の代表で清山会医療福祉グループの理事長である山崎英樹先生に紹介していただきメンバーになりました。そこで多くの認知症にかかわる方々との出会いがありました。また、39歳でアルツハイマー病と診断された丹野智文さんとも運命的な出会いをしました。この出会いにより、認知症のある人との関係性について考え方が大きく変わりました。

1つエピソードをお話しします。丹野さんと知り合ってしばらくして、先述の「くすのき手帳」を丹野さんに「本人の立場からみて、どう思うか見てもらいたい」と相談しました。丹野さんに快諾していただき、翌朝届いたのが、以下のメールです。

石原先生、お世話になっております。

メールありがとうございました。当事者の立場からこの手帳について話をすると嫌な思いをすると思います。大変失礼なことを書くと思いますが申し訳ございません。

この手帳を渡すのは診断後すぐですか？　診断を伝えてすぐの人には必要がないと思います。また、自分で気持ちなどを書くことができる人には必要がないと思います。

病状が進んで話をできなくなったり、自分の気持ちを伝えることができなくなってから必要になるものではないでしょうか？　なので当事者の意見を聞いて作成するよりは、介護で困っている介護者に意見を聞いて作成したほうがよいと思います。

もし、石原先生が本人や家族に診断を伝えた後すぐに情報提供として渡すのならば、どのようなものがほしいか考えてみました。当事者と介護者の手帳を別にしてお互い見ることはないようにする。先生と当事者だけで回す手帳と、先生と介護者だけで回す手帳のように。そして当事者の手帳には、居場所や気持ちを伝えられる場所、いろいろな支援のことなどが書いてあり、自分の気持ちや体調など好きなことを書ける欄があり、それを先生のみに見てもらう。

介護者側の手帳は、この「くすのき手帳」のようなものでよいと思います。さらに介護者の人が気軽に相談できる場所の提供も必要だと思います。介護者の欄には当事者が何を書いていたのか(当事者が不安に思っていること)を簡単に書いて、お知らせする欄があると介護者も安心するのかな。

当事者も介護者も告知された後は不安なのです。ですが、当事者が介護者に不安な気持ちを打ち明けることはありません。当事者は心配かけて悪いなとか、迷惑をかけたくないと思い、自分の気持ちを隠してしまいます。

なので当事者と介護者の手帳を分ける必要があるのではと考えました。手帳はよいと思います。当事者も介護者も、実際に病院に行くと話をしたいと思っていたことを半分も話せません。常に思ったことを書き留めておくとすべて伝えることができるかも。これは妻と話をしてでてきたことです。

こうやってメールにしようと思うと伝えにくいですね。先生の都合のよいときに、ゆっくり話ができる機会を作っていただければ、手帳について話をすることができますのでご検討ください。

大変失礼なことばかり言って申し訳ございませんが、これからもよろしくお願いいたします。

丹野智文

朝このメールを読み、身体が固まりました。本当に衝撃を受け、どう考えたらよいかわからなくなりました。

その後、冷静になって考えると、本人が必要な手帳と家族が必要な手帳は異なるということがわかりました。それから何度も丹野さんと話をするなかで、私自身が誤解していたことにたくさん気づきました。そんなことを続けていくうちに、専門職と当事者から始まった関係が、水平な関係に変わっていきました。この本のなかでも、丹野さんから教わったことをたくさんご紹介します。

スコットランドでの学び

「認知症とともによく生きる」。そんなことが本当にできるのだろうか？

そんな疑問があり、私は大学病院を辞めて、英国のスコットランドに留学しました。この留学も、その前年の9月に丹野さんがスコットランドに視察に行ったことが契機になっています。

丹野さんがスコットランドに行ったのは、来日したスコットランドの認知症当事者ジェームズ・マキロップ氏に出会い、認知症とともによく生きることについて話し合ったからです。スコットランドは世界で初めて「認知症のある人の人権は他の人と同じである」と当事者自身が声をあげた地域で、世界からも注目されていました。

私にとって念願の留学でしたが、現実は甘いものではありませんでした。言語や文化の違いに圧倒されました。多少通じると思っていた英語がスコットランドなまりにより、まったく聞き取れなかったのです。携帯電話のＳＩＭカードを購入するときに、移民の店員に「英語わからないのか?」とばかにされたこともありました。さまざまな人にインタビューを行いましたが、なまりが強くてよく聞き取れませんでした。たとえば、care（ケア）は「キア」、11（イレブン）は「エレブン」といった感じです。

アポイントも当然英語です。4月のエディンバラは桜がたくさん咲き、とても美しい場所ですが、街並みを散策することもなく、1日中パソコンの前に座りメールと格闘していました。本当に余裕がなかったのです。ただ、この経験を通して認知症のある人が日々感じている、障害に対する見えない不安や差別を自分事として考えられるようになりました。

留学から1か月が過ぎると、私の惨状を見かねた方にも助けていただき、いくつかアポイントをとれるようになりました。認知症の当事者とも出会えるようになり、日本の「認知症の人と家族の会」にあたる、スコットランド・アルツハイマー病協会のイベントやスコットランド認知症ワーキンググループ（ＳＤＷＧ）の会合に参加しました。特に初代ＳＤＷＧの代表も務めていたジェームズ・マキロップ氏や妻のモーリーンとは、週に数回一緒にカプチーノを飲んだり、美術館や湖に遊びに行ったりしました。現地の学会にも何度も参加しました。

こうした認知症のある人と過ごす時間を通して私が学んだことを一言で表すならば、認知症と呼ばれる状態になったとき、「周囲の人とのさりげないかかわりがあること」が生活する上で非常に大きな助けになるということです。そして、それは人権(Human rights)であるという考え方です。

人権というと堅苦しく思う方もいると思いますが、本人に必要なことを理解して、周囲の人がさりげなくかかわれば、想像以上に本人がおくりたい生活ができます。それは私にとって「有効な治療法を提供できていない医師である自分」という枠組みを超えて、かかわりへの希望が見えた瞬間でした。

スコットランドでは、認知症のある人が声をあげたとき、その意向を大切にキャッチする専門職がいました。認知症の有無にかかわらず、本人がやりたいことをするためには、「やりたいことを支援してもらえる」ことを本人が知っている必要があります。そして、「周囲にいる人には、認知症のある人がやりたいことを実現できるように支援する責務がある」という考え方を学びました。これが権利を基盤とするアプローチ(Rights Based Approach)につながっています。

認知症の診断および診断後支援外来を始める

帰国してから、私は認知症のある人が人として当たり前の生活が続けられるような診断後支援をしようと決心しました。そして勤務する診療所の一室で外来を始めました。特に広告をするでもなく、ひっそりとしたスタートでした。

この外来を始めたきっかけは、認知症外来に来る人のなかで、自分が望む生活をおくっている人がとても少ないことに気が付いたからです。がんなどの内臓疾患であれば、自分の置かれている状況について説明を求めることもできますし、自分で治療法を選択することもできます。生活をコーディネートすることも求めれば可能でしょう。

しかし、認知症と診断された人は、その後の支援が他の病気とまったく異なります。医師から自分の置かれている状況をきちんと伝えられることは少なく、在宅生活を続けたいと思っても、周囲の人の「リスク」の視点や「介護力」がハードルとなり、入所を余儀なくされる方も多くいました。

希望を胸にスタートした私の外来ですが、最初はなかなかうまくいきませんでした。来院する本人や家族は「認知症になったらおしまいだ」「認知症のある人は理解できない人だ」「認知症なんて診断されたら困る」という方ばかりでした。家族が「この人は何もわからない人です」「暴れて困っています」といったことを本人の前で言い、診察室で本人と言い合いになることも起こりました。

本人の自立した生活を支援する立場にあるはずのケアマネジャーが、本人の目の前で「家族がとても疲れているので、ショートステイの利用を勧めてほしい」とはっきり言うこともありました。医師の私が、認知症のある人と周囲の人との関係性の改善を主張するので、これまでのスタッフから疎ましく思われたこともあります。「医師なのに、なぜ認知症のある人が巻き起こす問題を解決してくれないのだ」とはっきり言われたこともあります。私と認知症のある人が小舟に乗って海の上で孤立しているような感覚に陥ることもありました。

必要とされていたのは出会いの前倒しだった

なぜうまくいかなかったのか。今振り返ると、そこには見落としていたことがありました。私が本人視点について話し、周囲の人が反発するときは、すでに周囲の人も助けてほしい状況に陥っていたのです。これを私は**家族や専門職の当事者化**と呼んでいます。

本人視点がよいことはみんなわかっています。しかし、これまで本人や周囲の人への適切な支援がなかった結果として、周囲の人が本人視点でかかわる余裕がない状況になっているのです。つまり、私たち専門職が出会いを前倒しして、もっと早く本人への適切なかかわりを、家族と一緒に行う必要があったのです［図表1-3］。

出会いの前倒し

本人の“当たり前の生活”が保てなくなるリスクを減らす

本人の在宅生活が少しでも長く、そして本人らしく過ごすことができる

図表1-3● 必要とされていたのは出会いの前倒し

外来を開設してからの3年間で、試行錯誤しながらも必要な人とのつながりを得ながら自分のおくりたい生活を叶える人が増えてきました。認知症だからこそできることをしている人もいらっしゃいます。家族に対して直接の支援をしていないにもかかわらず、本人に対する支援を通して家族関係に改善がみられることも多くなりました。

本人の笑顔をみていると、日本では不可能に思われた「認知症とともによく生きる」ということは実現可能なのだと思えるようになりました。重要なことは、病気の種類や症状の進行度だけでなく、本人に対する支援を通じて、本人や家族の孤立を防ぐことだと考えるようになりました。

卓越した先生方の診療からの学び

私は認知症の専門診療に携わるようになってからも、日本や英国で大学病院、総合病院、クリニックで認知症診療にあたっている先生の陪席をして勉強しています。そこで気が付いたことは、卓越した医師は診察の時に関係性を重視して、①対話をしながら詳細を客観的に観察する、②本人と家族とみんなで対話をする、③対話から生み出されたアイデアから、新たなかかわりを提案するようにしているということです。

現在の診療では**写真1-1**のように、対話しやすい環境を整えています。具体的には、いすとソファーを準備して上座をなるべく作らないようにし、5、6人が一緒に話せるようにしています。前述の丹野さんに診療に陪席してもらって、当事者ならではの視点から私の診察の仕方に対してアドバイスをもらうこともあります。こうして、私も先生方や認知症の経験専門家から学んで、診察を少しずつブラッシュアップしています。

写真1-1●
診察室の風景
右から2人目が丹野さん、3人目が著者

ここまで私自身の経験や実践について書きました。**第2章**では本章でお伝えした自分の失敗の原因について、**第3章**ではその解決策について述べていきます。もちろんこれ以外にも、専門職同士の連携や仲間づくり、そして認知症の有無にかかわらず生活し続けられるまちづくり（市民への啓発活動）も必要です。こうしたかかわりの実践は**第4章**で述べさせていただきます。

藤田和子さんに聞く

藤田和子さんは、鳥取県出身で12年前に若年性アルツハイマー病と診断されました。認知症の本人として発信を続けている藤田さんは、この12年間で認知症のある人を取り巻く環境に変化が起きていると感じています。認知症のある人を取り巻く現状を本人の視点から語っていただきました。

私が代表理事を務める一般社団法人日本認知症本人ワーキンググループ（ＪＤＷＧ）の活動目的は「認知症とともに生きる人が、希望と尊厳を持って暮らし続けることができ、社会の一員としてさまざまな社会領域に参画・活動することを通じて、よりよい社会を作りだしていくこと」です[*3]。

ＪＤＷＧの活動は、単に「認知症のある人の声を聴いてください」というだけではないのです。ＪＤＷＧが明確な目的を持って行っている活動が理解されるように、国を含めさまざま

*3
http://www.jdwg.org/

な組織へ提言をしています。全国レベルの会合だけでなく、私が住んでいる地域でも、活動パートナーと一緒に、公民館で「認知症になってからも自分らしい生き方を考えるサロン」を開いたり、市や県の人たちとも一緒に活動をしたりしています。ここで大切にしているのは、行政や周囲の人が認知症のある人のために活動するのではなく、認知症のある人とともに考えていくなかで、本人ミーティングや「おれんじドア」を開催していることです。

最近感じているのは、自分から声をあげ続けていると、まず誰かとつながります。同じような考えを持つ人とのつながりが増えると、本人の希望する方向をつかみ取ることができるようになるのだと感じています。

以前、自分たちが認知症の本人としてそれぞれの声を発信し始めた頃は、安心して発言できる雰囲気ではありませんでした。上から下までじろじろ見られる視線を感じたり、自分の発言に対して抗議されたり、批判されたり、無視されたりすることもありました。

数年前までは自分の言いたいことをストレートに言う雰囲気はなく、守られながらの発信でした。匿名で発言する人も多かったです。また、認知症の本人ではなく、一緒に来たパートナーが慰労されていることもあり、複雑な気持ちになりました。

今は少し空気が変わっているように思います。本人の考えていることを聴きたいと思ってくれる人が増えたり、ともに地域づくりをしようと声をかけてくれる人も多くなっています。多くの本人が思いを発信しやすい環境になってきました。そして発言した結果、たとえめげるようなことがあったとしても、周囲に応援してくれる人がいるので、立ち直ることができます。

地元の鳥取県でも「おれんじドア」や本人ミーティングが、開催されています。おかげで認知症の本人に出会う機会が増えました。出会った人のなかには、自分が認知症であることを肯定できなかった人が、病気を受け入れられるようになって、自分で発信したいという人も出てきています。

認知症についての理解をもっと広めたいです。たとえば認知症になると、大変疲れやすくなります。その表面上の疲れやすさを感じ取って、本人のやりたいことを止めさせようとする人もいます。私としてはできるようになる工夫を一緒に考えてほしいと思います。

そして、自分のペースで生活したいと思っています。私は以前、認知症の義母の介護をしていました。義母は生活に介護を必要としている状態でしたので、自分のペースは乱されるし、子どもの世話もあったので、時間がかかり手間にも感じました。そのストレスは相当な

写真1-2●
藤田和子さん
藤田さんの著書には
『認知症になってもだいじょうぶ！
そんな社会を創っていこうよ』
［徳間書店、2017年］がある

ものでした。その経験から言えることは、ストレスを感じたときに、自分のペースに本人を引っ張ろうとするのではなく、自分が「まあよし」「時間がかかってもまあいいや」と思えるかどうかだと思います。

自分が家族の介護をしてストレスを抱えていても、やりたいことを叶えるには、人の力を借りることです。人の力を借りるためにも、自分や認知症の家族の状況を隠さないことです。人の手は、言わないと貸してもらえません。隠してしまうと孤立無援になり、遠巻きに見られて、外にも出られなくなります。介護保険だけでは、自分らしい生活はおくれないし、家族も同じ状況になります。

認知症になる前からこういうことを「知恵」として皆さんが知っていると、自分や家族が認知症になったときに備えられるのではないかと思います。

また、皆さん1人ひとりが持つ認知症に対するイメージも、認知症になる前から変えていく必要があります。まず、認知症のある人に対して自分がどういう感情を持っているか知る必要があります。まだまだ多くの人が「認知症のある人だから~」とか「認知症のある人が言っていることはまともではない」「自分たちがしてあげないといけない」と思っています。この見方を変えていかないと、自分や家族が認知症になったときにそのまま跳ね返ってきます。自分の持っている認知症に対するマイナスのイメージの殻は、自分で破らなければいけません。

認知症のある人にもやりたいことがあって、失敗もOK、失敗したら次は失敗しないようにするにはどうしたらよいか一緒に考えてくれたらうれしいです。それは家族だけでなく、地域全体としてそう思ってくれたら、住み続けやすいまちになると思います。

先日パートナーと一緒に認知症サポーター養成講座を開講しました。そこで、「自分がもし認知症になったときに、誰に伝えたいですか？」「認知症になっても続けたいことは何ですか？」という問いかけをしました。「自分が何がしてあげられるのだろうか？」ではなく、「自分自身が認知症になってからもしたいことがある」ことがわかっていれば、どうかかわればよいか理解していただけると思います。

認知症を自分事として考えることを体感する、そういう啓発の仕方で認知症の理解を広めていきたいと思っています。

第2章

なぜ、認知症のある人への支援はうまくいかないのか？

1 世界の常識？ 非常識？ 認知症のファクトフルネス

最初に、次の質問について考えてみてください。

質問1　世界の人々の平均寿命は？

①50歳
②60歳
③70歳

質問2　世界の人々のなかで平均的な所得が1日200円以下である低所得国はどの程度あると思いますか？

①30%
②20%
③10%

ではこの節の終わりのページを見て答え合わせをしてみてください。どうでしたか？　正解と皆さんの答えにギャップがあった人も多かったのではないでしょうか。元となった資料はすべて国連で公表されているものです。ちなみに1つ目の問題は日本人の多くが50歳と60歳と回答し、正解率は10％だったそうです。

ファクトフルネスとは、このような「事実に基づいた世界の見方を広め、人々の世界にまつわる圧倒的な知識不足をなくす」という同名の著書のタイトルにある言葉です[*1]。

なぜ私たちの多くがこれらの見積もりを間違ってしまうのでしょうか？　同著ではその原因として

●あやふやな過去の記憶
●ジャーナリストや活動家による偏った報道
●状況がまだまだ悪いときに「以前に比べたら良くなっている」と言いづらい雰囲気

＊1　ハンス・ロスリング他『FACTFULNESS（ファクトフルネス）10の思い込みを乗り越え、データを基に世界を正しく見る習慣』［日経BP、2019年］

をあげています。

そういった傾向から「まだまだ世の中はよくなっていない」とネガティブに考えてしまう本能があるといいます。実は認知症に対しても、こうした誤解や偏見が多くあるのです。本章では、認知症のファクトフルネスについてみていきましょう。

アルツハイマー病と診断されている人の5人に1人は誤診？

認知症については、今や膨大な量の情報が、テレビやラジオ、雑誌、書籍などのメディアやインターネットを通じて発信されています。いったいどれが正しくてどれが正しくないのか、そもそも正解があるのかを含めて判断することが難しい状況にあります。

実は私たち専門医にとっても、認知症にまつわる情報が正しいかどうかを証明することは難しく、私も誤解していたことが多くありました。その理由を簡単に説明すると、認知症の原因を正確に突き止めるためには、その人の脳を解剖しなければわからないからです。しかし誰1人として、今この瞬間の脳の組織病理学的な変化を見る（医学用語で「生検」）ことはできません。脳腫瘍などで脳の一部をサンプルとして取ってくることができるじゃないか、とおっしゃるかもしれませんが、脳腫瘍は神経細胞が機能していない部分ですから切除しても問題ありませんが、認知症の場合は障害されている「かもしれない」部位について、たった1回生検を行っても診断がつかない可能性が高いのです。また生検により脳を傷つけてしまい障害を悪化させてしまう可能性もあります。

そういう不確実な状況を把握するために、アルツハイマー病の正確な診断率についても研究されています。たとえば米国ワシントン大学では、生前に研究に協力してくださった方に、亡くなった後の病理解剖を依頼しているそうです。同大学で同意を得られた患者さんにおいて、生前の診断と亡くなった後の病理解剖の結果を照合すると、約8割に正しい診断がなされていたと報告されています（Thomas G Beachら[*2]）。8割と聞くと高い数字のように思いますが、現在の英知を集めて診断しても5人に1人はアルツハイマー病ではなかったともいえるのです。私たち専門医にとっては、なんとも衝撃的な事実です。ガイドラインに従って診断しても、（少なくとも）2割は間違ってしまうわけですから。しかもこういう研究を行っている病院は非常に少ないのが現状です。つまり、診断自体が曖昧であることも多いのです。

高齢者によくみられる認知症はアルツハイマー病ではなかった!?

では、アルツハイマー病でなければどんな病気なのか？　アルツハイマー病のような記憶障害が起こる病気が別にあることはわかっていましたが、最近その原因物質が同定されました。総称して「高齢者タウオパチー」と呼ばれています。

*2
https://www.alz.washington.edu/NONMEMBER/FALL12/NP/Beach.pdf［2019年9月12日閲覧］

また海馬の萎縮をきたす病気としてTDP43という物質が沈着するLATEという病気があります＊3。この研究では、剖検が行われた80歳以上の認知機能低下のあった人の、実に25％にTDP43が沈着していたと報告されています。4人に1人がアルツハイマー病でなかったとすれば、ドネペジル塩酸塩などの抗認知症薬の効果が人によって異なることも理解できます。

なお、2020年現在、アルツハイマー病とこれらの病気を私たちが生存中に区別することはできません。また、これらの病理は1人のなかに複数みられることが普通で、どれが一番多いかで病理診断されます。

さらに、最近では、高齢者で生前にアルツハイマー型認知症と診断されていても、解剖でアルツハイマー病の病理学的変化が少ない人がいることがわかっています。そういう人は加齢に伴い筋力が衰え疲れやすくなり、家に閉じこもりがちな状態だった人が多くいました。逆に、この研究ではアルツハイマー病の病理学的変化が多かった人でも、体力があり、元気な人では認知症と診断されていなかったそうです。つまり、高齢でアルツハイマー型認知症と診断されている人には、さまざまな病気の人が含まれているということになります。

軽度認知障害［MCI］は何もしなくても正常に戻る？

皆さんもお聞きになったことがあるかもしれませんが、認知症の前段階として「軽度認知障害（MCI）」という概念があります。これは認知機能テストを行うと認知機能は低下しているけれど、日常生活はこれまで通り行えている状態とされています。軽度認知障害は1年後に5〜15％の人が認知症に移行します。

しかしこの状態、実は日本の認知症の専門家がまとめた認知症疾患診療ガイドライン２０１７によると、16〜40％は何もしなくても正常範囲に戻ると記載されています。私もずいぶん驚きました。なぜ軽度認知障害が元に戻るのかはわかっていません。たとえば、うつがあって改善したとか、いきなり認知症のテストをしますと言われ、緊張した状態で検査をされたなどの理由も考えられます。そんなときは自分のパフォーマンスは出せません。体調の良し悪しもテスト結果に影響します。ですから、一度だけの検査で軽度認知障害と診断されても過剰に不安になることなく過ごしていただくことが重要だと思います。そのような理由もあり、軽度認知障害の予防の研究は難しいのです。

老化も認知症に含まれる？ 現在の認知症診断基準

「自分は、認知症なんじゃないだろうか？」

どんな方でも、一度は不安になったことがあるでしょう。

認知症とはかいつまんで説明すると、病気になる前に発達していた脳の機能が、脳内の神経細胞やそれを支える組織が進行性に障害されることにより、日常生活がしづらくなった状態のことです。

＊3
https://academic.oup.com/brain/article/142/6/1503/5481202〔2019年9月12日閲覧〕

認知症の状態をきたす病気は100種類以上あります。65歳未満で発症する方（若年性認知症）もおられますが、一番の原因は加齢、つまり歳をとったときです。85歳以上になると約半数の方が認知症とされています。

最近皆さんの家族や親戚、友人から認知症の話題が出ることが多くなっているかもしれません。しかし、85歳以上の半分が認知症とともに生活していると感じますか？　皆さんの周りにいるお年寄りを思い出してみてください。85歳以上でもお元気な方はおられますが、若いときに比べてその能力は確実に落ちていますよね。

現在の医療では、老化による認知機能低下とそれ以外とを定義上分けることができないため、老化によるものも認知症に含まれてしまっています。つまり、以前は老化とされていた認知機能低下が、「認知症という病気」と考えられ、対処しなければいけないものになってしまったということです。

認知症は予防できるのか？

繰り返しになりますが、「自分が認知症になるはずがない。こんなに健康に気をつかって生活しているし、予防もしている」「世の中にはたくさんの認知症予防の本が出回っているじゃないか！」そう思っている方もいらっしゃるかもしれません。

しかし2019年に世界保健機関（WHO）から発表された一番信頼できる認知症予防に関する報告書では、運動をはじめとした認知症に関する予防は認知症の発症を少し遅らせる「かもしれない」といった書き方がされています[*4]。「〇〇すると認知症にならない」という予防法はありません。アルツハイマー病をはじめとした疾患の根本的治療がみつかっていない現在、認知症にならないと言い切ることは困難なのです。なお、運動や適切な食生活などは健康寿命を延ばすことにつながっているので、もちろんしていただいてよいと思います。

認知症のある人にみられる症状の原因は、脳の障害からだけではない

私の診療所には、毎日多くのもの忘れに不安がある人や認知症と診断されている人が来院します。診察では、大きく分けて2つの相談があります。1つは、障害からくる生活のしづらさです。たとえば物の置き忘れやスケジュールを忘れる、道に迷う、道具が使いにくくなる、幻が見えるなどの症状を伝えてくださることもあります。そういった症状に対して、どのように工夫するのか、どのような人に相談したらよいかを一緒に考えます。

もう1つは、周囲の人が、本人の障害に対してうまくかかわれていないことで起きている問題の相談です。この問題の難しいところは、家族や周囲の人は、認知症のある人が問題を引き起こしていると考えていることです。認知症のある人と周囲の人の関係性が悪化しています。認知症の有無にかか

*4
https://www.who.int/mental_health/neurology/dementia/guidelines_risk_reduction/en/
［2019年9月12日閲覧］

わらず、人間関係が悪化するると、心理的な不安や動揺、苛立ちが増えます。さらに周囲の人の「認知症になると何もわからなくなる」などの先入観や偏見が、周囲の人にかかわりへの努力をあきらめさせてしまいます。こう言った悪循環が本人と周囲の人を苦しめます。

認知症のファクトフルネスについて、おわかりいただけましたでしょうか？　認知症に関しては、誰もが持つ誤解や思い込みにより、正しく理解されていないことが多々あります。このことが認知症のある人への支援がうまくいかない状況を作り出しています。次節では、これらを踏まえて、認知症のある人への支援がうまくいかない理由について掘り下げていきます。

質問の答え

質問1●72歳なので、③が正解

質問2●9％なので③が正解

2 認知症のある人への支援がうまくいかない3つの理由

私たちは認知症のある人が、認知症になってもそれまでと変わらず、自分らしく地域で暮らしていくことを応援したいと考えています。そして、心の底から善意で接しています。しかし、それが実現できないのはなぜでしょうか？　認知症のある人への支援がうまくいかない理由は、細かくあげるとたくさんあると思いますが、本書では、次の３つだと考えます。

理由①認知症のある人を、私たちと同じ「人権を持つ人」としてみていないから
理由②認知症のある人と周囲の人との関係性が悪化しているから
理由③認知症の正しい知識や情報が不足しているから

では、この代表的な「3つの理由」を掘り下げていきます。

理由1 認知症のある人を、私たちと同じ「人権を持つ人」としてみていないから

みんなのなかにある偏見・ステレオタイプが与える影響

読者の皆さんは、多かれ少なかれ「できれば認知症にはなりたくないな」という気持ちを持っていると思います。その思いは「私はなりたくないし、絶対ならない」「私は認知症予防を頑張っているからならない」という確固たる信念のようになっている方から、「家族が認知症だったから、なりたくないけど仕方がない」という方までさまざまでしょう。

また、認知症になりたくないと思う背景には、どのような考えがあるのでしょうか？　先に認知症と診断された人は、「認知症になったら何もできなくなるから、わが家で生活できなくなるかもしれない」「周囲の人に迷惑をかける」、そんな気持ちが多かれ少なかれあるから認知症になりたくないのだと言います。こういった思いは本人にも家族にも、周囲の人にもあります。

そして家族には、認知症になった本人を守らなければいけないという思いもあります。そのため、本人は決められないと考えた時、家族がよかれと思ってさまざまなことを決めていきます。しかし、できなくなったことを克服するようなトレーニングやデイサービスに行くことを強要するような画一的な支援になりがちで、本人の生きづらさにつながっているように思います。

認知症になっても人生は終わりではない？

第1章で述べたように、私は丹野智文さんと一緒に活動をしています。丹野さんは39歳でアルツハ

イマー型認知症と診断され、２０２０年現在、診断されて7年目となります。今や日本のみならず世界で認知症のある人に対する偏見をなくそうと活動しています。その丹野さんは、著書『丹野智文 笑顔で生きる 認知症とともに』〔文藝春秋、2017年〕のなかでこう述べています。

「（前略）実際私も診断される前まで、アルツハイマーになったら徘徊して何もわからなくなり、暴れ出すというイメージしかありませんでした。症状が進行してそうなれば、家族やまわりに迷惑をかけるのだから自分はいない方がいい、死んだ方がマシではないかと思ってしまうのです。現実はそうではなく、これはかなり進行した人の特殊な場合であって、実際は進行がとても遅く、現状のまま何年も過ごしている方も多いのです。」

丹野さんが誤解していたように、読者の皆さんのなかにも「認知症のある人は自分では何もわからないから、病院受診を勧め、周囲の人がその診断結果から今後のケアを決めていくしかない」と思う人もいるかもしれません。

しかし実際には、経済的な水準や家族の有無、病気の重度・軽度にかかわらず、自分のことを自分で決定して、介護保険制度を利用したり、地域とのつながりにより生活を続けている人がたくさんいます。このように、認知症と診断されても周囲の理解とサポート、医療・介護などの地域資源を活用しながら地域で生活し続けられるという事実は、残念ながらあまり知られていません。知っていたとしても、周囲の人の「リスク」の視点から、在宅生活ができる方法をあえて本人に伝えていないこともあります。これが私たちと同じ人権を持つ「人」としてかかわっている状態といえるでしょうか。

本人からできることを奪わなければ、やりたいことができるチャンスにつながります。丹野さんは、2018年7月にはシカゴで行われたアルツハイマー病協会年次集会で講演し、拍手喝采を浴びました［写真2-1、2-2］。なぜ拍手喝采になったかというと、日本人の丹野さんが発表したことによって、国が違っても、認知症のある人を取り巻く人権に関する状況が同じだということを参加者が知ることができたからです。世界中の当事者の共感を得ていました。

写真2-1●
シカゴでの丹野さん

写真2-2●
世界の認知症当事者と丹野さん［左から2番目］が登壇したパネルディスカッション

かかわっている自分も問題の一部

皆さんは、認知症のある人の話を聴いたつもりになっていませんか？

私の認知症外来に付き添ってくるご家族のなかには、本人の前で「この人、何もわかりませんから」とか、「いつも何もしゃべらないんです」とはっきりおっしゃる方もいます。

多くの方がしゃべらないのは、もの忘れが原因だと思われがちですが、実際には失語症であったり、構音障害により理解はできていても自分の気持ちをうまく表現できないだけであることも多くあります。

また、物品名を忘れるのと、物を置いた場所を忘れるのとでは原因が異なります。アルツハイマー型認知症では、最初は言葉を忘れることによる失語を呈し、その後すらすらと話せるが、コミュニケーションが取りづらくなる感覚性失語を起こします。周囲の人は話が通じないように感じています。しかし、本人をよく観察してみると、自分の言いたいことが言えず、別の言葉が出てきてしまうという症状であることがあります。しばらく聴いていると、徐々に言いたい言葉に近づいてくることもあります。ですから、待つことも大切です。

言語機能だけでなく衝動の制御が難しくなった方は、立ち去られることもあります。しかし誰とも24時間コミュニケーションが取れない方というのは、ほとんどいらっしゃいません。お話を聴いてみると、多くの人は一部の人とはうまくコミュニケーションできています。ただ、そのためには私たちに聴こうとする姿勢、技術、熱意、余裕などが求められてきます。

筋萎縮性側索硬化症（ＡＬＳ）という病気があります。症状が進行して全身の筋肉を動かすことができなくなると、一見するとまったくコミュニケーションが取れないように見えます。２０１９年の参議院選挙で当選した舩後靖彦氏がわずかな口元や眼球の動きで、コミュニケーションをとっているのを見たことのある方も多いでしょう。

認知症のある人とのコミュニケーションにおいても、絵カードを使ったり、うまくコミュニケーションできる人から秘訣を聴き、真似をすることで、進行してもご本人とのコミュニケーションができて、生活を改善できることもあります（Talking Mats® という絵カードを使ったツールも日本語化が始まっています）。

「人」として認め、支援するということは、障害に対する適切な知識を持ち、個別に必要な支援を行うことです。認知症のある人が同じ人権を持つ人として接せられるように、私たち専門職が率先してかかわり、その責務を担う必要がありますが、うまくいっていないのが現状です。

理由②　認知症のある人と周囲の人との関係性が悪化しているから

認知症のある人と周囲の人のかかわりにも誤解がある

私も以前は、家族やかかわりのある職員から聞いた本人の「症状」と認知機能テストやＭＲＩの結果を頼りに診断や治療をしていました。つまり、本人からではなく、いわば他の人から見た「症状」

を客観的ととらえ、治療していました。

しかし、丹野さんをはじめとした認知症の本人と水平（対等）な関係性で話すようになって、私たちの支援について、本人はどう思っているか、深く考えるようになりました。そのなかで彼らが、私たちの「本人を変えようとする支援」により、どんなに傷つき、無力感を味わっているかを知りました。私たちは一生懸命に、本人が望まないかかわりを押しつけていたかもしれないのです。

この5年間で私には認知症とともに生きる友人がたくさんできました。そうすると、その人たちが置かれている状況を周囲の人から聞いて、本人抜きで物事が決められていることに大きな違和感を持つようになりました。たとえ善意でかかわっていたとしても、本人から希望を聴いていなければ、本人の思いと合わず「対立」が生まれるのだということがわかったのです。

認知症のある人と周囲の人の意見の相違――価値観を合わせる難しさ

先にも述べましたが、認知症の診療を始めた頃の私は、認知症のある人からではなく、家族やかかわりのある職員から聞いた本人の「症状」に向き合って診療していました。その「症状」を軽減するために、抗認知症薬を処方したり、周囲の人と協調できるように抗精神病薬を投与したりしていました。

周囲の人は、私も含めてよかれと思って本人にかかわっていました。しかし、本人からみれば、自分でできたことができなくなった上に、自分が欲しい支援ではなく、周囲の専門職が必要と思った支援を受けさせられます。そう感じると、フラストレーションがたまっていき、周囲の人に対する敵対心が沸き起こります。周囲の人たちは自分たちで本人との対立をコントロールできないと悟ると、医療やケアに相談します。そうすると私を含めた周囲の人が本人をなんとかしようというアクションを、集団で起こすという構図になってしまうのです。実際、診察室で私は、家族の「人様に迷惑をかけないように」という思いから、薬物や入院で落ち着かせてほしいと懇願されることもあります。入所施設の職員からも、「他の人に迷惑になるのでなんとかしてほしい」と頼まれます。

多職種連携にも落とし穴——本人、地域住民不在の地域ケア会議

医療、介護、福祉、行政などが協働して認知症にまつわる課題を解決しようという行動を多職種連携といいます。私も認知症のある人の問題を解決するためには多職種連携が重要であると思っています。互いの職種の強みを生かして本人に対してよりよい支援を提供しようと、その仕組みづくりに取り組んでいました。

しかし、うまくいかないことが頻繁に起こりました。多職種で考えてベストだと思った方策をアドバイスしても、本人の意向に沿わないことが何度もあったのです。たとえば、本人の障害に合わせた住みやすい生活を考えようと支援者が集まって会議をしていても、本人が不在の場合、家族の意向を聞きすぎてしまいます。その結果、いつの間にか目標が介護負担軽減になり、家族のレスパイトが目的のショートステイの定期利用が決定されるという次第です。本人の意向は反映されていないわけですから、本人との信頼関係も崩れてしまいます。

さらには、公的サービスが優先されてご近所付き合いがなくなってしまい、孤独な生活を作り出し

てしまうこともあります。本人は自分の意図に沿わないわけですから、怒ったり、悲しんだり情緒的に不安定になったりします。そして、生きる希望を失ってしまうこともあります。

「家族の当事者化」はどこから始まるのか?

私は、認知症のある人と対立関係にある家族にもずいぶんとお会いしてきました。

夫「おれは、もの忘れなんかしていない。あったとしても少しだ!」
妻「あなた、何も覚えてないじゃないの! 昨日も通販で必要のない物を買ってしまって! こういうふうだから、夫が購入しないように携帯電話を取り上げたいんですけど、先生どうしましょう?」

こういった対立関係にある場合、私たちがどのように答えても、あっちが立てばこちらが立たずというジレンマに陥ります。この段階の家族はまだ「どうやったら本人とうまく付き合っていけるだろうか?」と考えています。ここで家族が適切な情報や必要なかかわりを得られないと、介護負担感を感じるようになっていきます。支援の遅れにより、家族自身が「私の状況を助けてほしい欲しい!」と「**当事者化**」してしまうのです。

そして、1年、2年と時が過ぎていくと、本人の生活の不具合も増えるため、要介護認定が受けられるようになります。その頃ケアマネジャーにも出会います。しかし、そのときの家族は、「本人によい治療やケアをしてもらいたい」という気持ちよりも、自分の「なんとかして欲しい」という気持ちを優先せざるを得ません。さもないと家族全体が崩れてしまうと感じているからです。ケアマネジャーも本人が自らの意志を言語化することが困難になった状態では、家族としか話をしないため、家族の要望に応えたケアプランになってしまうことがあります［図表2-1］。そうすると、ここからさらに泥沼化していきます。たとえば家族とケアマネジャーが本人によかれと思って契約したデイサービスやショートステイの利用は、本人が納得せず**対立関係**が生まれることがあるからです。

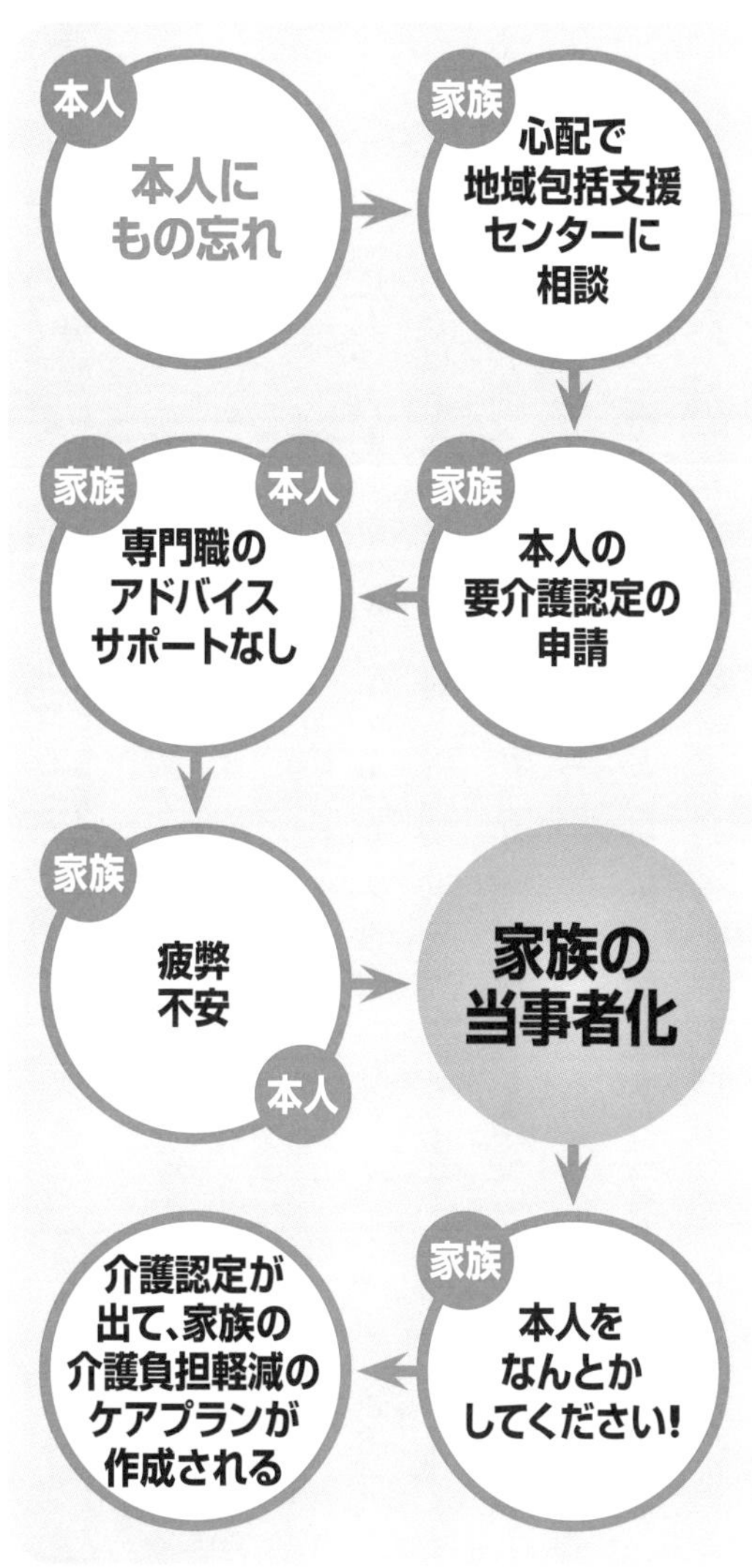

図表2-1●
家族の当事者化と
介護負担軽減のケアプランができるまで

人が対立関係にあるときの行動

多くの紛争地域で、命をかけた対立に対してワークショップを行い、解決に導いたアダム・カヘンは、人が対立関係にあるときには通常4つのアクションを取りうると言っています。その4つとは「相手に対して強制する」「相手から離れる」「自分の主張をあきらめて適応する」「コラボレーションする」です。それぞれ認知症のある人の周囲の人がとりやすいアクションがあります。

自分が強者の立場であれば相手に対して一方的に自分の意図を「強制」できます。たとえばケアマネジャーが家族の意向を尊重して認知症の本人のためと言いながら、本人の望んでいないリハビリテーションを強制することがあります。

次に自分が相手を変えられない状況においては、無力感から「離れる」というアクションをとります。認知症のある人がとりやすい行動です。パートナーと口論して、自宅を飛び出していくことがありますが、その行動の背景には「離れる」という理由が考えられます。

3つ目としてその状況に屈して「適応する」というアクションもあります。これも認知症のある人に起こりやすいアクションですが、先ほど述べた家族が「預ける」形の望まない施設入所などで多く見られます。

課題を解決しなければならないときに、行き詰まりを感じた状況で、私たちは4つ目の協働（コラボレーション）の必要性を感じます。互いの目的が明確で、協力関係にあれば、このコラボレーションは成功するでしょう。しかし、対立関係に至ってしまっているときには、互いにコラボレーションを望んでいない状況であることも多いのです。

認知症のある人にまつわる問題の多くは、そもそも本人抜きで話がなされるために生じています。同じテーブルを囲むことにすら至らないことが頻繁に起きているのです。その結果、本人の自己決定のないアドバイスを強いることになり、それに本人が反発的な態度を表したり、逆に無力感から離脱しようとしたり、その状況を我慢することを強いられたりしていきます。こうやって、認知症のある人の自己決定が反映されていない「支援関係（支配関係）」が生まれていくのです。

理由3 認知症の正しい知識や情報が不足しているから

私たち認知症にかかわる職種は、介護職員、介護福祉士、社会福祉士、ケアマネジャー、医師、看護師、薬剤師、理学療法士、作業療法士、言語聴覚士などさまざまです。1つひとつの職種が認知症に対してその職種の専門性からアプローチしています。

しかし、認知症のある人へのアプローチが難しいのは、きちんと体系化された「使える知識」が共有されていないからです。認知症にまつわる知識や情報で主要なものは、次の3つです。

- 医学やケアの側面から見た認知症に対する知識
- その人が生活し続けるための制度や施策に関する知識
- 本人についての情報

医学的な側面から見た知識の重要性は、第1章で私の経験をお伝えしました。たとえば小阪憲司先生が発見したレビー小体型認知症については、当初世界で否定されましたが、徐々に認められるようになってきています。２０１７年にはレビー小体型認知症に関する世界会議が行われて、診断基準が体系化され、より診断しやすくなりました。これにより想定より多くの人がレビー小体型認知症と診断されるようになりました。治療薬も使い方が大切であることがわかってきています。こういった知識は、私たち認知症専門医には知られていますが、まだまだ専門でない医師や他の職種には知られていません。

また、本人に対する適切なかかわりや、ケアの知識も必要です。たとえば幻視が出現するメカニズムを知れば、本人の生活を格段に改善させることができます。パーソン・センタード・ケアなどのケアの基盤となる考え方を実践すれば、「困った人」扱いされていた本人が、実は「困っている人」であることに気づくでしょう。

その人が生活し続けるための制度面の知識は、介護保険だけではなく、医療保険による重度認知症デイの利用や成年後見制度、障害福祉サービスや社会資源についても知っておく必要があります。さらに、地域で独自に行われている活動なども、その人にとって大切な資源となり得ます。

そして、何よりも大切なのは本人についての情報です。医学的な知識、ケアや制度に関する知識は、認知症と診断された本人の状況が共有されて初めて活きてきます。本人が在宅生活をおくり続けたいのに、素晴らしい施設を紹介しても対立してしまうでしょう。価値観が異なるわけです。あくまで本人がどのような生活をおくりたいのかを知ること、それを職種を超えて共有することが、共通した認識を持って本人を「支援」することにつながると思います。

この章のまとめ

第2章では「なぜ、認知症のある人への支援がうまくいかないのか？」について、認知症に対する従来の見方や、そうした下敷きの上にできあがった3つの理由から説明しました。

この3つの問題とそこから導き出される理由は、「なぜ、認知症のある人への支援がうまくいかないのか？」のすべてを網羅しているわけではありませんが、これらが大きな課題になっていることはご理解いただけたかと思います。

まずはこの3つを解決できるようになるために、次の章で「認知症のある人とのかかわりで大切な3つの要素とそのアプローチ」について一緒に考えていきましょう。

第3章

認知症のある人とのかかわりで大切な3つの要素とそのアプローチ

第2章では、「なぜ、認知症のある人への支援はうまくいかないのか?」を考え、その理由として次の3つの要因を取り上げました。

理由①認知症のある人を、私たちと同じ「人権を持つ人」としてみていないから
理由②認知症のある人と周囲の人との関係性が悪化しているから
理由③認知症の正しい知識や情報が不足しているから

「うまくいかない理由」に対して、私たちは具体的にはどのようにすればよいでしょうか? その前に、まずはこの事例を読んでみてください。

事例①

私はAの夫です。Aと二人暮らしです。私の趣味は家庭菜園で、退職後はのんびりした生活をしています。妻とは仲が悪いわけではありませんが、会話はあまりありません。

Aは交友関係も広く、家にいるようなタイプではなかったのですが、近頃はいつも家にいて、ぼーっとしていることが多くなりました。新聞を読まなくなり、以前楽しんでいたテレビドラマなども観なくなりました。心配なことは、ゴミ出しの日を間違えたり、回覧板を回すのを忘れたりするようになったことです。近所付き合いも嫌がるようになり、会合も行っていないようです。

どんなに注意しても忘れるし、娘も帰省したときにおかしいと言っていたので、病院に連れて行きました。診察の結果、アルツハイマー病と診断されました。やっぱりという思いとともに、これからの生活が不安になりました。

担当医から地域包括支援センターに行くように言われ、職員から介護保険の申請手続きなどについて説明を受けました。Aは話の内容がわからないように見えたので、私が手続きを進めました。

認定調査を受けて、要介護1と認定され、ケアマネジャーが紹介されました。

私とケアマネジャーで相談して、Aにとってよいと思うケアプランを作りました。そして、Aにデイサービスに行くように説得しました。Aはデイサービスには行きたくないようで、早く帰りたいと言うそうですが、私はその間、家事や銀行に行くなどの用事を済ませられるので、気持ちが楽になりました。

いかがでしたか？　よくある話ですか？　それとも、何か違和感を覚えましたか？

では、次の事例も読んでみてください（本人の言葉に一部補足を加えています）。

事例②

私はAと申します。70歳代の女性です。まちから車で15分ぐらいの住宅地に住んでいます。子ども2人を育て上げ、今は退職した主人と二人暮らしです。

主人は家庭菜園以外にやることはなく普段から家にいますが、それほど会話があるわけでもありません。私は50歳のときに乳がんで手術をして化学療法も行いましたが、今は特に病院にはかかっていません。

パートで働いていたころは交友関係も広く、町内会の人たちとも交流がありましたが、最近ではそれもめっきり減りました。近所の人の視線が気になります。誰に会っても、ゴミ出しの日が間違っていると注意されたり、回覧板が届かないだとか、今度の会合忘れないでなどと言われて不安になります。誘いも少なくなったような気がします。

先日お盆休みに帰ってきた長女から、「お母さん、忘れっぽくなったんじゃないの？ ちゃんとしてよね！」と言われる始末。夫からも「病院に行った方がいいんじゃないか？」と言われてしまいました。そこで、娘に認知症について調べてもらえる病院を探してもらい、受診しました。

病院では問診の後に、医師の診察を受けました。医師は簡単な検査を行った後、MRIと採血、認知機能検査の予約をしました。後日、検査結果を聞きに行くと、「初期のアルツハイマー病ですね。症状を遅らせる薬を始めましょう。では1か月後にまた来てください」と唐突に言われました。

私はアルツハイマー病と言われたことで頭が真っ白になりました。「もう何もできない。人生が終わった。道に迷ったり、人に暴力をふるうようになるかもしれない。いっそ死んでしまおうか……」と思いました。ふと、隣にいた夫を見ると、私がアルツハイマー病と診断されたことにショックを受けているようでした。これからどうなるだろうと不安そうでした。

病院からは地域包括支援センターというところに行くように言われました。さっそく相談に行くと、職員は夫に書類をみせて介護保険を使うことができると説明します。私もその説明に同席していましたが、職員は私の方をあまり見ませんでした。私は介護される人になるのかと、またショックを受けました。私はそんな支援はいらないと言いましたが、夫が話を進めました。

ある日、市から派遣されて来たという人が自宅に来て、私のことを根掘り葉掘り聞いてきました。認定調査というそうです。いろいろ質問され、立ったり座ったりさせられました。夫が調査員に「大変だ」とか何か伝えていました。私は「私のことがなんで大変なんだろうか？　何でも自分でやってるのに。私がおかしいのか？」と不審に思いました。

あるとき、夫からデイサービスに行かないかと言われました。見学に行きましたが、おじいさんやおばあさんばかりだったので、そこにいくのは嫌だと伝えました。しかし夫は許してくれなかったので、しぶしぶ行くことにしました。デイサービスでは、歌ったり、食事を食べたり。楽しいときもありますが、孫のような子たちが一生懸命私たちのために働いているのを見ると申し訳なく思います。

ただ、退屈なときに帰ろうとすると、職員の人から帰らないようにと懇願されます。「私は家でやることがあるのに」と思いますが、なかなか言えません。デイサービスに行っていて家にいないので、近所の人と話すこともなくなってしまいました。

皆さんは、Aさんになりきって**事例②**を読んでみてどう思いましたか？　**事例①**とどんな違いがありましたか？　お気づきの通り、**事例①**はAさんの夫、**事例②**はAさんの視点で書かれています。これを冒頭にあげた「**3つの要因**」に当てはめてみます。

理由①

夫はAさんを心配して、紹介された地域包括支援センターに相談に行き、要介護認定の申請をしました。そしてAさんは要介護1と認定されたため、居宅介護支援事業所を紹介されました。ケアマネジャーを交えて相談し、夫の意向でAさんにデイサービスに行ってもらうことを決めました。「Aさんの意向」が配慮されているとはいえません。

理由②

Aさんは、夫とデイサービスを見学しているときに、デイサービスに行くことを拒みましたが、聞き入れてもらえませんでした。そして、利用時間内は自宅に帰ることも許可されない状況です。夫やデイサービスの職員ともうまくいっているとはいえません。

理由③

Aさんと夫は、アルツハイマー病という診断名を医師から聞いていますが、その病気がどういう病気で、どのような経過をたどり、どんな生活をおくるようになるのか、まだ理解していません。

Aさんの周囲の人は一生懸命かかわってはいますが、Aさんの意向と支援がかみ合っておらず、本人は診断を受ける前よりも不安定な状況にあるといえます。このままの状態だと、どのようになるでしょうか。

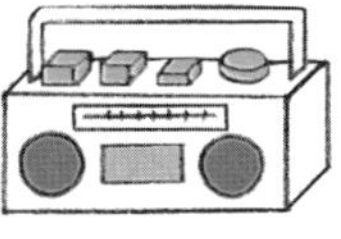

1 私たちと同じ「人権」のある人として接する

本節では、**理由①認知症のある人を、私たちと同じ「人権を持つ人」としてみなしていないから**について考えていきます。

事例の続き

これまでAさんは、近所づきあいのみならず、老人会やサークル活動での知り合いなど、さまざまなつながりがありました。しかしデイサービスを利用するようになり、近所の人と顔を合わせる機会がいつの間にか減ってしまいました。手続きや買い物なども夫がしてくれるので、行政の窓口やスーパーに行くこともほとんどなくなりました。さらにAさんは、ゴミ出しの日を間違えたり、町内会の話し合いの日を忘れて参加しなかったりしたため、町内の人から「あの人、認知[*1]が入ってきたんじゃない?」と言われ始めました。

Aさんは料理が得意でしたがレパートリーが減って味噌汁と焼き魚などシンプルなものを作るようになりました。それでも掃除や洗濯はできていました。ところがある日、夫のタバコの吸殻をゴミ箱に捨てたところ、まだ火がしっかり消えておらず、ボヤ騒ぎを起こしてしまいました。この一件があってから、夫は近所の人から「火事になったら大変だ。施設に入った方がいいのでは」と言われるようになってしまいました。

娘はその状況を聞いてケアマネジャーに相談しました。そして、Aさんの入所先を探すことになりました。

---

*1
「痴呆症」という言葉は差別的であるという理由から、2004年12月「認知症」という言葉が認知機能低下をきたす疾患に用いるよう法令用語の変更を促す報告書が作成されました。その後、認知症という言葉が一般的になるにしたがって、認知症のある人のことを「認知がある」とか「認知が入っている」などと誤用されるようになったようです。

近年では市民の間でも使われています。

本来の意味合いとは異なり、「認知」という言葉が侮蔑的に使用されている場合があります。自分の発する何気ない言葉で、認知症のある人を傷つけないように注意が必要です。

これからの未来を創造するシナリオプランニング

Aさんの事例では、診断された後、本人は自宅にいたいと思っている一方で、家族はデイサービスに行って欲しい、自分の時間が欲しいと思っています。この意見の相違に対して、多くの専門職は困惑しているでしょう。本人の味方をすれば、家族としては自宅で「1日中本人の面倒をみなくてはいけないのか」と思うかもしれません。一方、家族の味方をすれば、本人から「なぜ行きたくもないデイサービスに行かなければならないのか」となるかもしれません。

ここで専門職がすべきことは、どちらか一方のベストな選択をアドバイスすることではありません。本人と家族がとりうる選択肢を示し、その後の未来の物語を創造(シナリオプランニング[*2])し、客観的に考え、本人や家族に説明し、本人が選んだ方向性を家族が納得できるようにすることです。

実際にシナリオを考えてみましょう。シナリオプランニングにあたっては、私はまず、本人の生活と周囲の人とのかかわりの関係性を2つの軸に分解して考えます。縦軸は、「周囲の人が認知症のある人と自分を同じ人としてかかわる、障害を理解しようとする」のに対し、対極には「周囲の人と交流がない、地域の人が障害を理解せず地域から排除する」が位置します。

横軸は「自己決定尊重」という考え方で、その対極にあるのは「リスクの軽減」とします。ここでは「リスクの視点」とは、本人が「やりたいこと」よりも周囲の人が「やれると判断したこと」に焦点があたり、「やれない」と周囲の人が判断したら、させないようにする、代わりにやってあげる状態のことを言います。

これを図示したのが**図3-1**になります。それぞれの枠組みについて考えてみましょう。大きく分けると、以下の4パターンになります。

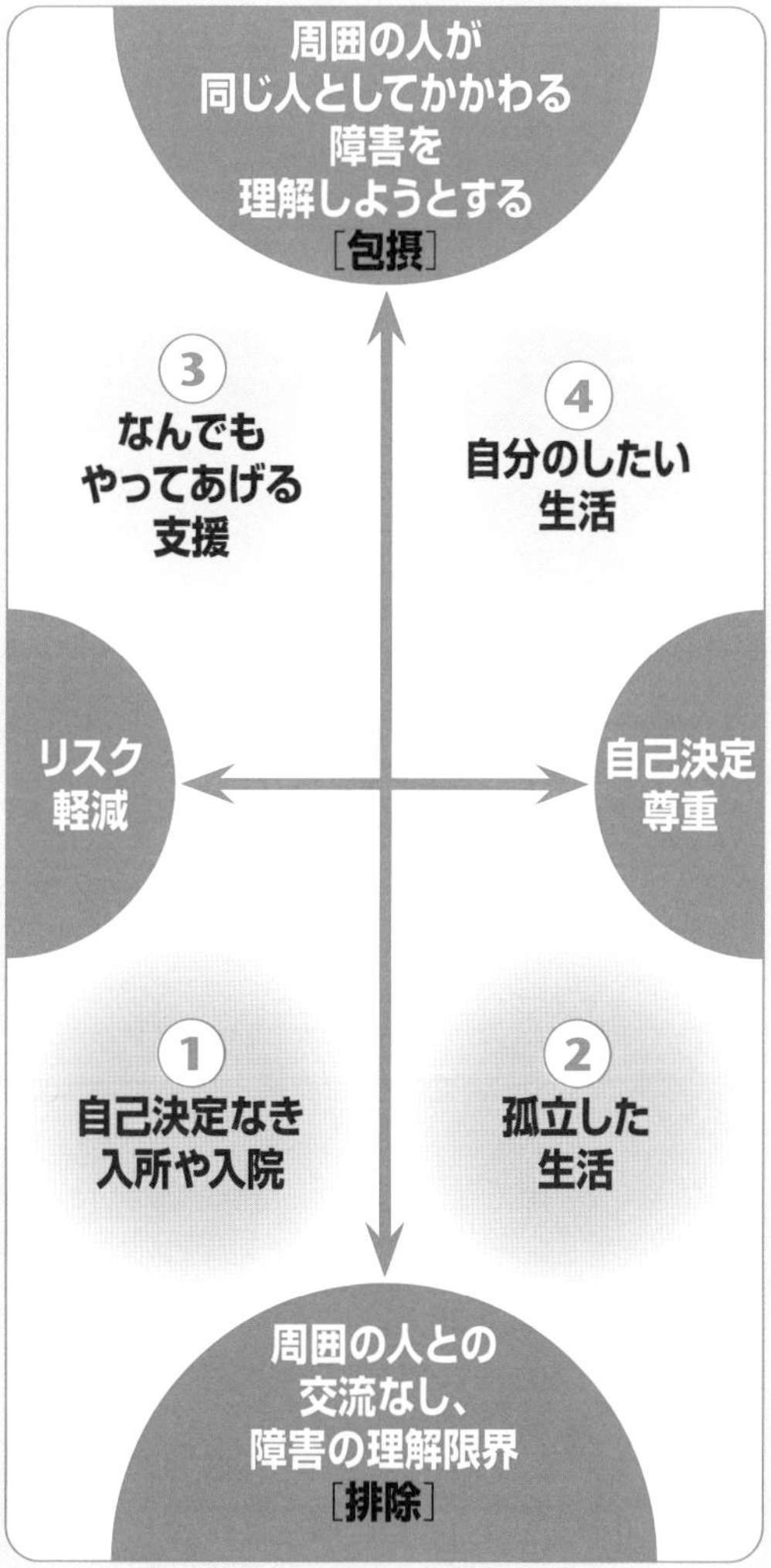

図表3-1●
2軸で課題を整理する

＊2
シナリオプランニングという手法は、もともと軍事的な戦略や外交政策の立案に用いられたもので、現在ではビジネスにおける事業戦略の構築やマネジメントの手法として世界中で広く活用されています。

①自己決定なき入所や入院

本人が周囲の人から孤立していて、周囲の人がリスクを減らそうとする場合です。認知症のある人は地域から排除され、自分の意思にかかわらず、周囲の人によるリスク管理の視点から、住み慣れた地域で過ごすことが難しくなります。その結果、多くの人は入所や入院することになります。

②孤立した生活

自己決定しているけれど、孤立している状態です。自分の生活は自分で行うという一見自立した生活ですが、周囲の人と交流がなかったり、お互いに無関心であることにより、認知機能低下が進行して、一人暮らしが難しくなると、①に向かいます。

③なんでもやってあげる支援

周囲の人が本人と人としてかかわり、本人のリスクを減らそうとするかかわりです。本人ができなくなってきたと周囲の人が判断したら、掃除もしてあげる、火を使う食事も止めてもらうなどが、なんでもやってあげる支援です。散歩は道に迷うかもしれない、事故にあうかもしれないと、本人ができることを取り上げる傾向があります。それは一見、本人を守るようにみえますが、自己決定とは反する生活で、意欲が低下し、引きこもりや孤立につながる可能性があります。

④自分のしたい生活

周囲の人が同じ人としてかかわり、自己決定を尊重し、本人がやりたいことができるようにかかわるパターンです。本人は障害や認知症を隠す必要もなく、自分の不自由さを語ることができ、地域で周囲の人から必要なかかわりを受けながら、堂々と生活し続けることができます。

この図で考えるならばAさんは、認知機能低下が起きる前は④の自分のしたい生活をおくっていました。ところが認知機能低下が起きたことにより、周囲の人から③のなんでもやってあげる支援を受けざるを得なくなり、周囲の人が火事を起こすかもしれないというリスクを不安に感じて、①の自己決定なき入所や入院の方向に話が進んだというように考えられます。

もの悲しい気持ちになりますね。認知症になると、自分のしたい生活はおくれないのでしょうか？本人の意思が尊重されるためには、周囲の人にはどのようなかかわりが求められるのでしょうか？このことを考えるのに、障害者に対する人権が守られるような政策があるスコットランドから知恵をお借りしましょう。

同じ一市民として生活する
権利を基盤としたアプローチ［RBA］とは

認知症のある人の人権活動の先進地スコットランドには、認知症にかかわる政策や活動の基礎として、２００９年に制定された「スコットランドの認知症のある人とケアラーのための権利憲章」があり、認知症のある人の人権が守られています。この権利憲章は、Rights Based Approach（権利を基盤としたアプローチ、ＲＢＡ）を用いて書かれています。スコットランド・アルツハイマー病協会は、ＲＢＡについて、次の３つが含まれているアプローチと説明しています。

1●他の人と同じ人権を持つこと
2●本人が人権を持っていることを意識できるように、周囲の人が本人に働きかけること
3●個人および機関が、人権をできる限り尊重し、保護し、責任を果たすこと

こういった考え方は、障害をその人の自己責任にするのではなく、社会全体で受け入れるということにつながります（**障害の社会モデル**）。たとえば認知症のある人が人権を行使するためには、さまざまなハードルがあります。そもそも認知症になったら、あれをやってはダメ、これをやってはダメと言われれば、できることもできなくなってしまうでしょう。

障害に対して「やってあげる」という感覚で支援をすることは、本人からみるとできない人とみな

されることにつながります。たとえば失語症がある人は、なんのサポートもなければ、自分の意思を伝えることは大変困難です。失語症というその人の障害に対して、絵カードを用いたりして、私たちがわかろうと努力をすることは、私たちの責務であるという考えが**合理的配慮**です。日本でも障害者差別解消法の制定により、障害者に対する合理的配慮が求められるようになりました。

車いすで生活する人たちが公共施設を利用するときにはスロープが必要ですが、私たちがそれを整備してあげているというようには考えていないと思います。その人が公共施設を利用するのは当たり前と考えて、スロープをあらかじめ整備するようになっていますね。スロープを整備すると、ベビーカーを押している人や足の悪い人も便利になります。そういった配慮を認知症のある人たちにも適応するということです。

こういった考え方は、認知症ではまだまだ浸透していません。地域で診療していると、認知症のある人に対して同じ人権のある人としてかかわることにはハードルがあること痛感します。そのハードルの1つに専門職自身が持つ偏見(一方的な考えや見方)があると思います。専門職が認知症という障害に対して、「認知症になったら何もわからない人になる」「守ってあげなければいけない」「認知症になったら終わりだ」という思い込みを持っていることが大きく影響していると私は感じます。

そういう偏見を持っていると、無意識のうちに家族や周囲の人の声が、本人の人生設計に大きく反映されてしまいます。Aさんの場合は、家族がケアマネジャーに相談しました。そして自宅での支援の限界という家族の説明にケアマネジャーが共感し、本人から意思を聴くこともなく、家族の意思を汲んで入所を検討し始めました。その結果、本人の意思からは程遠い人生設計になってしまったのです。

認知症のある人の権利を守る流れは、世界的に議論されています。大切なのは専門職自身が〝本人抜きにして物事を決めない〟という姿勢でかかわることです。専門職が認知症のある人の権利を意識してかかわるだけで、認知症のある人の人生は変わるのです。認知症の当事者団体である国際認知症同盟は、「認知症とともに生きる人の人権：お題目から現実のものに」というパンフレットを作成し、啓発に努めています。

さて、入所の瀬戸際にあるAさんは、今後どうなるのでしょうか……。事例の続きです。

娘さんとケアマネジャーが電話で話し合った後、ケアマネジャーはご主人と相談するために、Aさん宅を訪問しました。たまたまご主人は不在でしたが、Aさんは快く招き入れてくださいました。

ケアマネジャーがAさんと2人きりで話すのは初めてです。思い切ってAさんに聞いてみました。「今の生活はどうですか？」「お父さんとはけんかするけど、幸せですよ。だってわが家だから」。

ケアマネジャーは、はっとしました。私がこのままご主人と遠方の娘さんの意向を聞いて、Aさんが入所することになったら、私がAさんの思いを踏みにじることになってしまわないだろうか……。

ケアマネジャーはとっさにAさんに言いました。「Aさん、もっとAさんの希望を聴かせてください。Aさんの望む生活をおくれるように、私にも応援させてください！」

Aさんは、Bさんの前で初めてにっこりと笑いました。

診断直後から合理的配慮を得られる生活設計を目指す

認知症のある人に対する合理的配慮とはどのようなものがあるでしょうか。その具体例として、認知症の当事者である辻井博さんが講演でお話されたエピソードを紹介します。

辻井さんは、脳血管性認知症の診断を受け、現在は自らの思いを伝える活動を行っています。１人で会場に行くことはできますが、失語症があり文章は書けません。原稿を読むことは可能なので、若年性認知症コーディネーターが何回も聞き書きを行って講演原稿を作り上げ、その原稿を読むことで自らの意見を発表しています［コラム参照］。

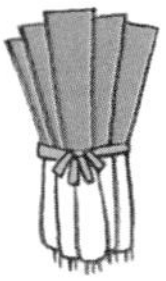

辻井博さんに聞く

その日は栃木で仕事をしていましたが、車で自宅に帰る途中、体の違和感があり、言葉がでなくなってしまいました。救急病院を受診して、脳梗塞の診断を受けました。48歳のときです。

今も脳梗塞・脳出血により脳に障害があります。人と話をしていて、相手が言っていることはすべて理解でき、イメージとしては言いたいことが頭の中に浮かんでいますが、言葉にできません。書くのも難しいです。伝えたいことの50から60％しか伝えられないもどかしさを感じています。この病気がなければ、私は普通の生活をおくることができていたと思うこともあります。

気持ちをよい方向に向けていきたいと思って生活してきました。最初の2年はとても辛く、私としては、自分に起こっている状況に納得することができませんでした。心の中では「なんで自分はこうなったんだ」といつも思っていました。リハビリ病院に入院しているときは、職員の人は私を重病人扱いして、できることもやらせてもらえませんでした。たとえば、入院中は買い物にも行けなかったし、外出もできませんでした。いつも「私は大丈夫なのに」と思っていました。私には私の意思があるのに、伝えられませんでした。そして、伝えたいことをたくさんあきらめてきました。

普段の生活の楽しみと工夫

本が大好きで、いつもミステリーを読んでいます。本の内容を理解してイメージすることも、考えることもできます。しかし私には、話したいことを言葉にすることができません。

写真3-1●
辻井博さん

話し始めはまだいいのですが、疲れてくると言葉が出なくなり、繰り返し同じ言葉を喋ってしまいます。そこで、言いたいことをメモしておくことようにしています。メモしていれば、わからないときに伝えることもできます。

また、数年前から、再び携帯でメッセージを送れるようになりました。携帯を使用するのは、時間がかかりますが、記録としても残るので重宝しています。長い文章を書くときは、若年性認知症コーディネーターや主治医の石原哲郎先生に聞き書きをしてもらっています。

仲間との出会い

最初の病院も次の病院も人とのつながりはありませんでした。病院の紹介で、障害者福祉センターに行くようになり、出会いの機会が増えました。利用を終えた後も定期的に顔を出し、つながりを持っていました。

また、石原先生におれんじドアを紹介してもらい、丹野さんに出会いました。丹野さんに出会ったことで気持ちが前向きになり、〝新しい人生〟に出会うことができました。

具体的なきっかけや何がよかったかは言葉で言い表すことはできません。しかし丹野さんが、私のことを「特別」な人としてではなく、「普通」のかかわりをしてくれたことがよかったのかもしれません。

丹野さんに出会ってから、就労支援センター「ほっぷの森」にも通うようになり、人付き合いがよくなりました。人とのつながりができたことで、どんどん自分が積極的になったように思います。私は仲間との出会いやつながりから一歩を踏み出すことができたと感じています。

これからに向けて

しかし、本当にこのままでよいのかと思うことはたびたびありました。２０１８年４月から子どもの進学に合わせて、宮城を離れ東京で暮らしています。生活に慣れるのには時間がかかりましたが、今は落ち着いています。

東京でも障害者福祉センターに通い、復職の準備を進めていました。そして、２０１９年8月1日より、願いが叶って休職していた会社に再び通い始めました。会社の人は、自分の障害について理解してくれようとしています。障害について理解してもらえるように周囲の人に働きかけることをあきらめなくてよかったです。その後、結果的には２０２０年1月に今の会社を退職することになりましたが、私はこれからも人の役に立ち続けたいと思っているので、今後も働きたいです。

今、私の中には20%の不安と80%の「やってやろう」という気持ちがあります。私は妻と子ども2人の4人で住んでいます。同じ気持ちで一緒に進んでいきたいと考えています。これからも、人とのつながりを大切にしていきたいと思います。

1人ひとりの認知症のある人の症状を的確に評価することはとても大切です。

辻井さんには失語症がありますが、ゆっくりであれば携帯メールを送ることができます。スケジュール管理は以前と同様に手帳を利用しています。趣味は読書です。言葉で表出することと、考えていることが一致しないことがあること、時間をとって対話すれば、自分の考えていることをきちんと伝えられることを知っていることは、かかわる人にとって大変重要な情報です。

すべてやってあげることがよい、失敗させないようにしないといけないと思われている方も読者のなかにはいたと思います。しかしＲＢＡの視点で考えれば、障害を理解してかかわることは私たちの責務であり、それこそが本人の自立支援につながっていることがご理解いただけたでしょうか。

2 水平（対等）な人間関係を作る

U理論とパーソン・センタード・ケア

従来の枠組みを外すU（ユー）理論

皆さんは周囲の人に、自分の記憶違いを正された経験はありますか？　私たちは自分の記憶違いを指摘されたり、修正されたとき、口には出さなくとも恥ずかしいと感じたり、不快な気持ちになったりすることもあります。しかし、自分が逆の立場だと、相手を正そうとしてしまいます。さらに記憶違いを繰り返すと、周囲の人はこれからも起こり続ける「問題」ととらえ始めます。

周囲の人が、認知症のある人のことをなんらかの問題があるとみなしたとき、たとえばその対象者に対して医師の治療を受けるようにうながすことがあります。そうすると医師は、周囲の人の訴えをもとに治療を行います。鎮静効果のある薬剤を投与された場合、本人は治療で食事がとれなくなったり、活動ができなくなったりすることがあります［図表3-2］。そうすると周囲の人が医師に対象者の治療を変更してもらいます。なかなか解決にいたらないうちに薬剤ばかりが多くなることも少なくありません。このような形で簡単に悪循環に陥ります。

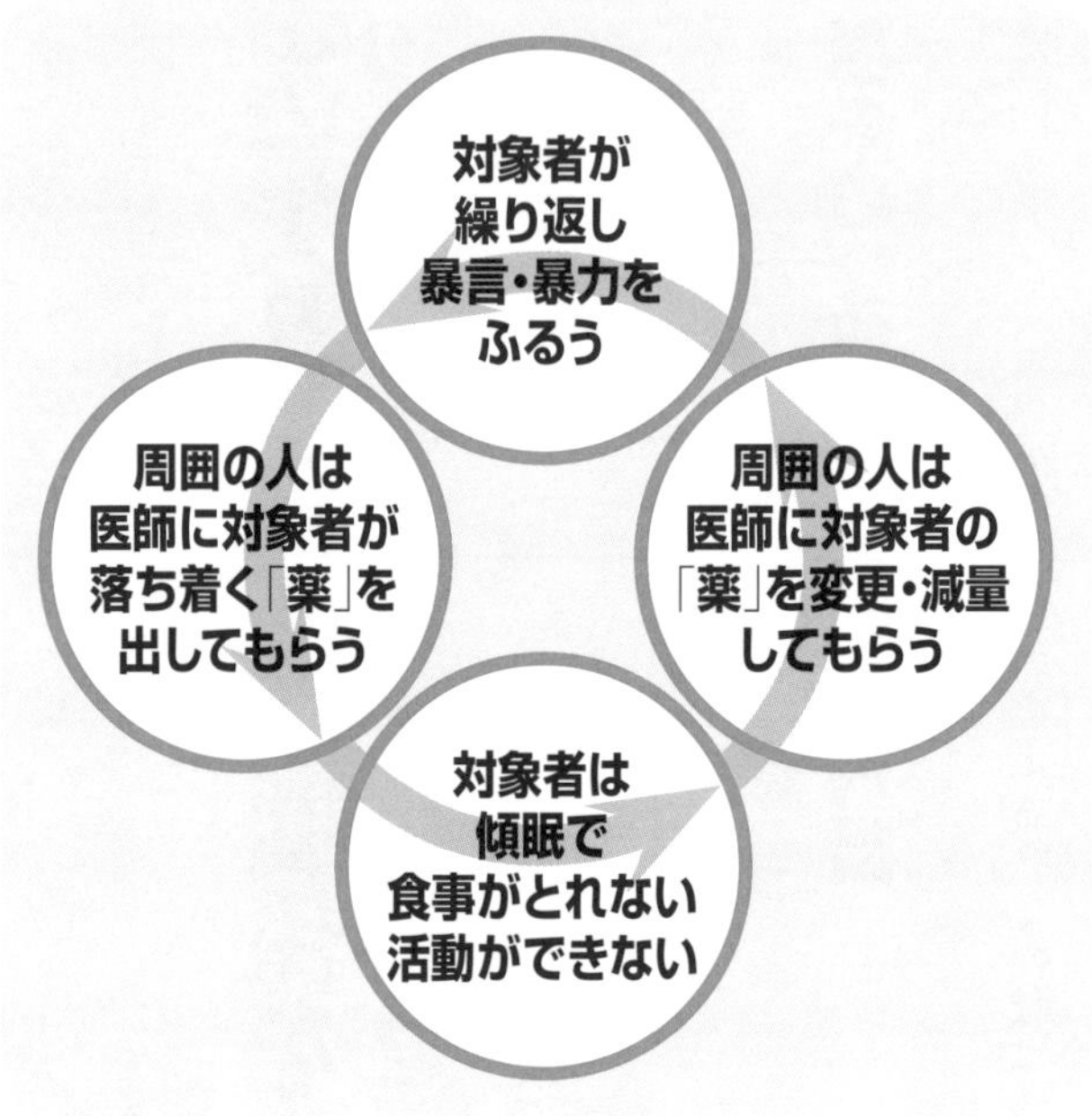

図表3-2●
本人を変えようとするBPSD対策［悪循環］

　一方で図表3-3の方法では、従来の方法で解決しなかった場合には、別の方法をとる可能性について考えます。その前提としては、私たちが認知症のある人と水平(対等)な位置に立って議論することが必要です。この方法では「困った人」というレッテルを外して、生い立ちや生活歴、性格についても情報収集して、自分たちのアプローチを変えることをいといません。その上で相手を尊重した対話を続けます。

　すると観察している側と観察される側の関係性が水平となり、対話のなかからこれまで考えていな

図表3-3● 対話を続け、新たな可能性を創造する［U理論］

かった道筋がおぼろげに見えてきます。その結果、私たち自身のその人へのかかわりが変わってきます。前向きな対話を重ねるごとに、場に変化が起こり、問題だと思っていたことが問題ではなくなることも多くあります。

図表3-3のような考え方をUの形をしているので**U理論**といいます。マサチューセッツ工科大学のオットー・シャーマー博士がとりまとめた社会変革の実践方法として使われている理論です。紙幅の都合で詳細は述べませんが、U理論は観察や対話で従来の枠組みを超えた実践を創る理論といえます。もともとはビジネスの問題を解決するときによく用いられてきました。問題が起きたときに、周囲の人の丁寧な観察がとても重要で、それをもとにした対話を行うことが解決する道のりになるということです。私たちの生活のなかの問題を解決するのにも役に立ちます。

しかし、このとき情報収集が不十分だと、少ない情報から出てきたアイデアではあてずっぽうになるため、解決に時間がかかったり、解決できない可能性が高まります。また、**第2章**で述べたように、水平な関係性での対話が難しい場合は、力に差がある対立関係のなかで解決を導き出すことになり、うまくいきません。容易に**図表3-2**のように、解決策のないループに入ってしまうことがおわかりになるかと思います。

U理論とシナリオプランニングで実際の事例を振り返る

不確実な将来に備え、ともに歩む

具体的に認知症のある人の課題解決について、U理論とシナリオプランニングを用いて説明します。

阿部長治さんは、もともとキックボクサーや遠洋漁業の乗組員をしていた、小柄だけど屈強な一人暮らしの男性です。50歳代から重度の記憶障害と道に迷う地誌失認の症状が出現して、60歳代前半でアルツハイマー病と診断されました。仕事をしなければという思いが強く、仕事の手順などが覚えられないため失業しても、すぐにハローワークに職探しに行くような毎日でした。

長治さんはデイサービスに通うようになっても、働きたいと言う思いが強く、デイサービスのスタッフが送迎に行っても、ハローワークに行って不在にしていることが多くありました。このときの長谷川式認知症スケールの得点は一桁でした。

デイサービスのスタッフは、本人の働きたい気持ちと生活面の安定を得るためにはどうすればよいか考えました。法人本部に掛け合い、長治さんと面談を繰り返した結果、週3回は臨時職員として雇用し、週4回はデイサービスを利用することになりました［図表3-4］。

それから2年、長治さんは植物の水やりや清掃、事業所の庶務などの仕事を人一倍丁寧にやりました。振り返ってみると、「デイサービスはサービスを受ける場所」という枠組みを、かかわっているスタッフが外したことが本人本位の支援につながったといえます。

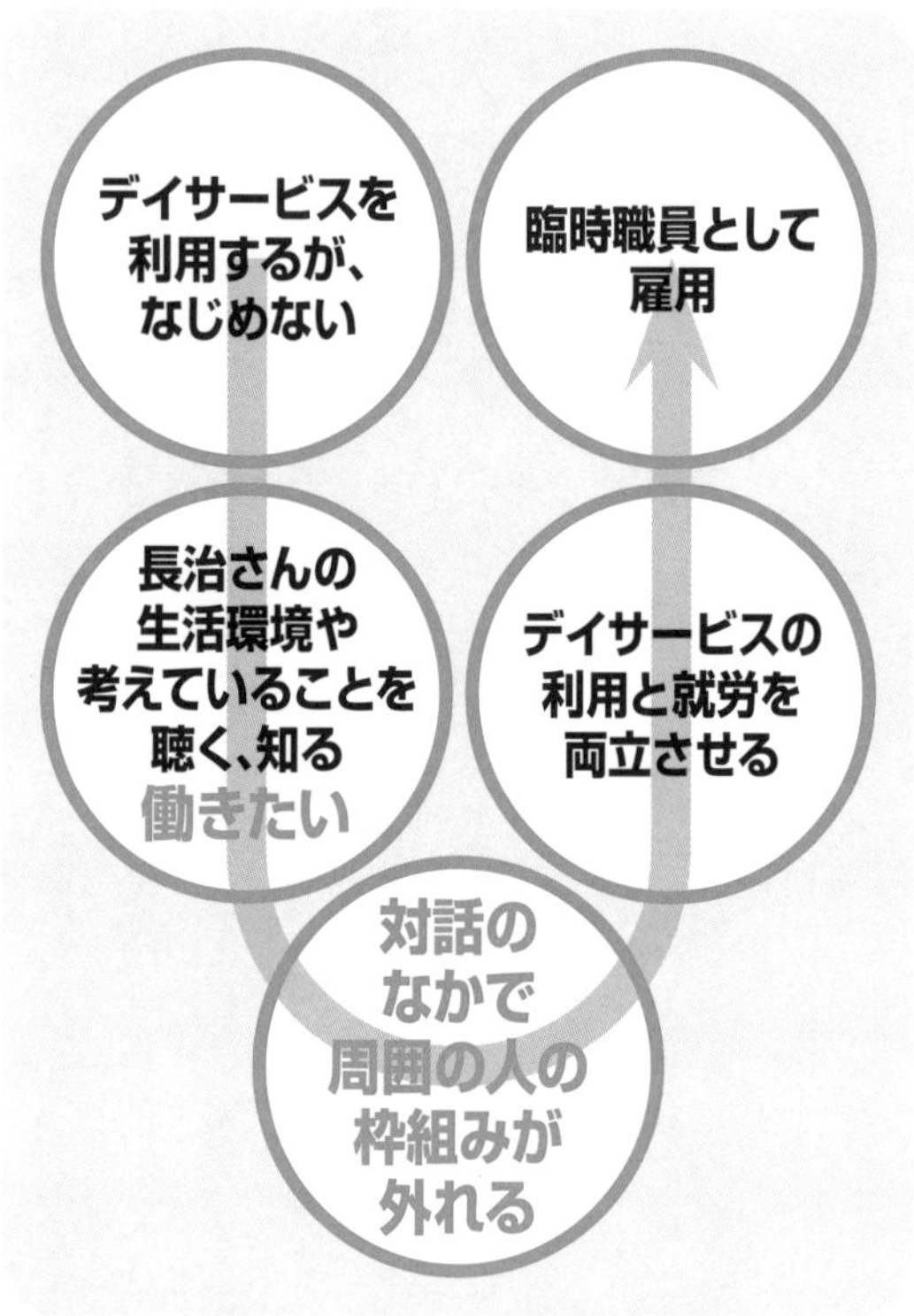

しかし月日が流れ、デイサービスで働いていても、自宅に帰らなくてはいけないとの気持ちが強くなってしまったため、離設するようになりました。本人も場所がわからなくなってしまうので、迷った時に探しに行けるようにGPSを付けていただくことにしました。

この頃になるとデイサービスで6時間を過ごすことが苦痛になってきて、送迎車に乗るのも拒むことが増えました。自宅での暮らしにおいては、食事等の日常生活も滞ることが多くなってきたため、スタッフが心配しておにぎりを差し入れたりしました。

図表3-4●
U理論①「働きたい」を応援するかかわり

さらに週1～2回しか施設に来ることができなくなり、この状況で生活を続けることが困難に思えたため、本人、別居の姉、作業療法士、デイサービス担当者、私（医師）で相談の場を設けることにしたのです。

長治さんの真の希望は何か？　その答えは「地域で生活し続ける」こと、行きたい所に自由に行けることでした。枠組みを外して考え、ケアマネジャーより臨機応変に対応できる小規模多機能型居宅介護を利用することが提案されました。ケアプランの変更により、いつでも自宅を含めた好きな場所で

迎えに行っても、就労ができない、帰ろうとする

長治さんの生活環境や現状を聴く
自宅に帰りたい

対話のなかで周囲の人の枠組みが外れる

小規模多機能型居宅介護の利用
GPSの利用

自宅を探しに行ける環境づくりにつながる

図表3-5●
U理論②「帰りたい」を応援するかかわり

過ごすことができるようになりました［図表3-5］。

現在の長治さんの1日は、職員が朝食を届けることから始まります。長治さんが食べ終わって支度ができたころに迎えに行き、施設で水やりや清掃などの仕事を少し手伝って、昼食を食べた後、本人の意向を確認して自宅に戻ります。

自宅に帰ってから、長治さんは出かけます。日によっては朝から外出する場合もあります。残念なのは長治さんの行きたい場所が、今はない過去の実家であり、誰も叶えることができないことです。それでも毎日のように元実家のある場所に歩いて通われています。

最近では、その実家の場所もわからなくなることがあります。それでも長治さんは歩きます。歩くこと自体がストレス解消になっているようです。職員は時々GPSで場所を確認して、ある程度の時間歩いて、本人が立ち止まり、疲れた頃に迎えに行っています。夕飯は職員と一緒にお店で購入します。今でも以前利用していた事業所の職員と交流があります。

長治さんへのかかわりを第1節で紹介したシナリオプランニングの2軸で考えてみましょう［図表3-6］。①のようにリスク低減の観点から施設入所を進める人もいるでしょう。しかし、入所したら長治さんは施設から出ることを禁止されてしまい、あらゆる方法で施設から脱出しようとするでしょう。施設側は離設というリスクをなくすために、身体拘束や薬剤投与により、本人が動けなくなるまで処置を行うかもしれません。

長治さんのケアプランは、デイサービスでの就労の時も、小規模多機能型居宅介護の利用に変更する時も、④の本人がしたいことは何か？　という問いを立てたことが状況の打開につながりました。

さらに、その自宅に帰りたい気持ちを応援するにはどうしたらよいか、対話を重ねてきました。地域が道に迷っても支援できるようになっていれば、住み慣れた場所で住み続けることができます。長治さんの場合、家族や専門職のみならず、地域の民生委員や警察、地域住民も長治さんのことをよく

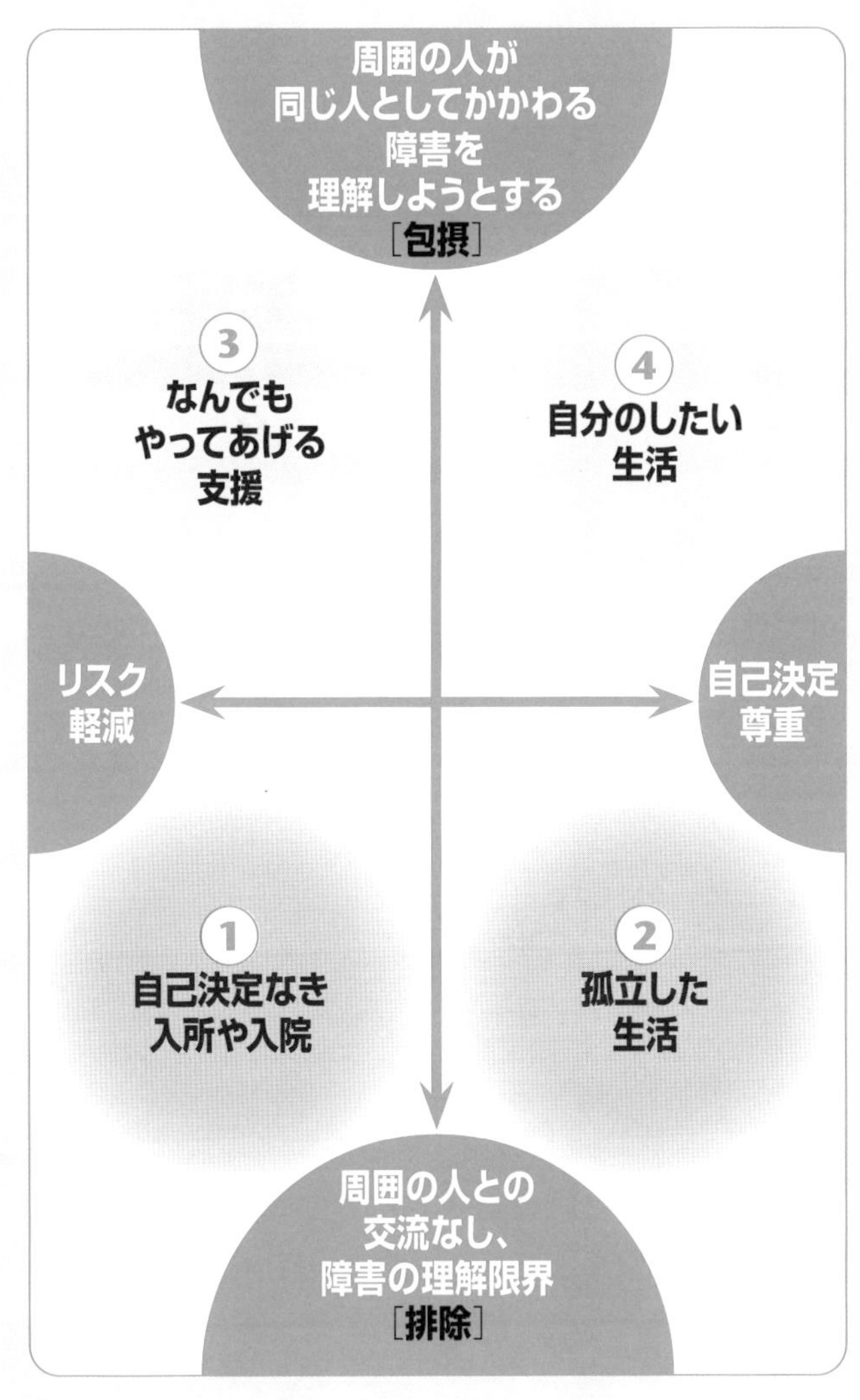

図表3-6●
2軸で課題を整理する

写真3-2●
阿部長治さん

知っていて、長治さんが困っている様子があれば事業所に連絡をくれる状況でした。事業所の職員は「自分が行きたい時に外出できる生活」をおくれるようなかかわりをしているそうです。

長治さんの場合、アルツハイマー病と診断されてから、最初はデイサービスの利用につながりましたが、本人のニーズに合わず、職員がデイサービスの枠組みを外し、本人のしたい「就労」につながる働きかけを行ったことにより、本人の働きたいという思いを一緒に叶えることができました。月日が経ち、就労の希望よりも自宅に帰りたい思いが強くなったとき、それをできるようにすることも、私たちの考え方次第なのだと思いました。

長治さんの元の自宅に行きたいという思いは、これからも叶わないかもしれません。ですが、真っ黒に日焼けして毎月笑顔で受診してくれる長治さんの姿を見ると、症状が進行しても地域で生活していくことができるのだと、私自身勇気をもらっています。

認知症のある人を知る
パーソン・センタード・ケアとは

パーソン・センタード・ケアの源流は心理療法

ここからは、先達が何千人もの認知症とともに生きる入所者を観察して、体系化したパーソン・センタード・ケアをご紹介します。

日本では、さまざまな研修や書物でパーソン・センタード・ケアが紹介されています。本邦の認知症疾患診療ガイドラインにも掲載されています。しかし、そのフレーズの使われ方は誤解されていることも多いため、整理をしておきたいと思います。

パーソン・センタード・ケアという言葉は、認知症のある人が受けていた非人道的な扱いにとてもショックを受けた、故トム・キットウッド氏によって作られました。彼は医療者ではなく、もともとはケンブリッジ大学で自然科学の学位を取得した後、神学を学び、ウガンダで牧師をしていました。その後英国に戻り、臨床心理士、心理学の専門家として携わっていたときに認知症のある人と出会い、この考えをまとめました。

認知症のパーソン・センタード・ケアの背景にはカール・ロジャースのクライアント（対象者）中心療法の考え方があります。この療法は、セラピストとしてクライアントの立場に身を置いて、その視点から彼らの世界を理解しようとするものです。本人の視点を理解することで、より親身になって対応することができるというものです。

日本へ伝わったのは偶然の出会いから

日本にパーソン・センタード・ケアを紹介したのは、認知症研究の第一人者で長谷川式認知症スケールの開発で有名な長谷川和夫先生です。長谷川先生は認知症介護研究・研修東京センターを初代センター長として立ち上げた翌年である２００１年前後に「たまたまある書店で手に取った1冊の本がトム・キットウッドの『Dementia reconsidered』[*3]でした。人伝えに聞いたり、文献の検索で知ったのではなく、まるで向こうから飛び込んできた感じがしました」と回想録に記しています[*4]。

なお、トム・キットウッドは１９９８年に亡くなりましたが、その後この理念の光を絶やさないように普及に努めているのが、現在、英国ウースター大学で教授を務めるドーン・ブルッカー先生です。日本には、２００５年に認知症介護研究・研修大府センターで「パーソン・センタード・ケアを基盤とした認知症ケアマッピング研修」（ＤＣＭ）[*5]として導入されました。

現在までに水野裕先生（ＤＣＭストラテジックリード、日本のコース責任者）のもと、１５００人以上の研修修了者を生み出しています。ＤＣＭはパーソン・センタード・ケアを実践するための基本となる観察方法であり、入所施設のケアの改善につなげるツールです。

パーソン・センタード・ケアを一言で言うと

キットウッドは、パーソン・センタード・ケアとは一言で言えば、「パーソンフッドを保つような誠実なコミュニケーション」だと言いました。パーソンフッドとは、次のように定義されています。

「1人の人として周囲に受け入れられ、尊重されること、1人の人として周囲の人や社会とのかかわりを持ち、受け入れられ、尊重され、それを実感しているその人の有り様を指す。人として相手の気持ちを大事にして尊敬し合うこと、互いに思いやり、寄り添い、信頼し合う相互関係を含む概念である。」*6

難しいと思われるでしょうか？　私も最初読んだときには、すんなりとこの言葉の意味を理解することができませんでした。ドーン・ブルッカー先生は、このパーソンフッドについて説明するためにこんなエピソードを話してくださいました。

*3 Open University Press, 1997, 邦訳は高橋誠一訳『認知症のパーソンセンタードケア』〔クリエイツかもがわ、2017年〕
*4 長谷川和夫『認知症ケアの心――ぬくもりの絆を創る』〔中央法規出版、2010年〕
*5 「認知症ケアマッピング（DCM）」の詳細はホームページをご参考ください。http://www.dcm-obu.jp/About.html
*6 ドーン・ブルッカー他『DCM（認知症ケアマッピング）理念と実践 第8版、日本語版第2版』〔社会福祉法人仁至会、認知症介護研究・研修大府センター、2011年〕

「私は臨床心理士として働くようになって、認知症のある患者のパーソンフッドを初めて真剣に考えました。入院病棟全体を観察したとき、多くの職員や関係者が行ったり来たりしているのに、認知症のある人に対して目を合わせていなかったのです。

専門職が前を通りかかるたびに、認知症のある人は期待して目を上げ、専門職のほうを見ました。しかし専門職が認知症のある人に目を向けることは決してなかったのです。専門職は歩き去り、認知症のある人はもっと深く、深くいすの中に沈み込んでいきました。そのときのイメージが私のなかに残っています。

認知症のある人にとって白衣を着た専門職は、依然として重要な存在です。患者がそこにいることを認識する手間を惜しみ、「こんにちは。ブルッカーです。調子はどうですか?」と声をかけることをしないなら、そんな時間さえ取らないなら、つまりその人を見ないのであれば、私たち専門職は結果的に自分の患者に有害な行為を行っていることになります。

私たち専門職は自分の患者に害を与えたくないはずです。しかし私自身も専門職として何年もやってきましたが、思い返せば、認知症のある人の自尊感情を貶めるようなことをしてきました。

だからこそ、権威のある専門職である私たちが、すべての患者のなかにパーソンフッドを認めることが大事なのです。これが私から皆さんへのメッセージです。人はどれだけ障害を負っても、自分が人として見られているのかどうかを深いところでわかっているのです。これが皆さんに伝えたいことです。皆さんの周りの患者を人として見てほしいのです。」

〔訳：中川経子、一部著者により改変〕
この時の映像はインターネットで観ることができます。https://youtu.be/vHOONrO7B8o
〔インタビュー：石原哲郎、字幕翻訳協力：馬籠久美子〕

このブルッカー先生のパーソンフッドの解説を見返すたびに、私は患者さんに対して接し方をおろそかにした診療があったことを思い出し、反省します。

若年性認知症の当事者であるクリスティーン・ブライデンさんは、講演のなかで「目を見て話してください」とおっしゃっていました。この言葉は私たちがどれだけ認知症のある人と目を合わせずに話していたのかを考えさせられるエピソードです。

4つの要素で理解するパーソン・センタード・ケア

ブルッカー先生は、パーソン・センタード・ケアを実践する背景には、4つ要素が含まれていると説明しています〔図表3-7〕。この4つの要素は英国認知症国家ガイドラインにも採用されています*7。

それぞれの要素について簡単に説明をします。

*7
https://www.nice.org.uk/guidance/ng97/chapter/Person-centred-care

V●あらゆる人々の価値を認めること［Valuing］

認知症はあらゆる年齢で発症する可能性があります。さらに、障害される部位や程度は人それぞれ異なります。障害の程度や年齢など、いかなる違いがあっても人の価値は変わりません。また、認知症のある人の価値のみならず、周囲の人の価値も同じです。この価値観に基づくかかわり方ができるような環境づくりに取り組む必要があります。

I●個人の独自性を尊重すること［Individuals］

個人の独自性を知るためには「1人ひとりの人間が違うことに気づく」ことが大切です。

Valuing
あらゆる人々の価値を認めること

Individual
個人の独自性を尊重すること

Perspective
その人の視点に立つこと

Social
相互に支え合う社会的環境を提供すること

図表3-7●
パーソン・センタード・ケアの要素
［VIPS］
出典：ドーン・ブルッカー著、水野裕監
『VIPSですすめるパーソン・センタード・ケア』
クリエイツかもがわ、2010年、17ページ人は1人ひとり異なった生活歴や性格、身体的・心理的な強みがあります。そこに認知機能低下の症状が合わさって現在のその人となります。本人が必要としていることや本人の社会的および経済的な資源については、本人からできる限り聴取する。そして本人と一緒に認知症とともに生活する方法を検討していきます。

P•その人の視点に立つこと［Perspective］

人々は、その人独自の経験を背景に行動する傾向があります。パーソン・センタード・ケアではその人の視点を理解し、その視点に立って考え、自身の行動に反映させていきます。

S•相互に支え合う社会的環境を提供すること［Social］

人の人生は周囲の人との関係性を基礎としています。認知症のある人にも、障害をサポートされながらも、できることは自分で行う、自分自身が成長できる豊かな社会環境が必要です。本人とかかわる人が相互に支え合うとはいかなる状態であるか、かかわる人とともに検討し、活かしていきます。

本人が必要としている心理的なサポートと私たちのかかわり

では、VIPSのもとで認知症の本人と周囲の人のかかわりは、どのように理解したらよいでしょうか。キッドウッドは、人として必要であるにもかかわらず、特に認知症のある人では容易に損なわれてしまう事柄を**心理的ニーズ**と名付け、5つの花びらの絵で示しました［図表3-8］。

5つの花弁はそれぞれ〝くつろぎ〟〝ともにあること〟〝自分が自分であること〟〝たずさわること〟〝結びつき〟のニーズを表しています。よく見ると互いに重なり合っていて、関連し合っています。真ん中の〝愛〟は、それぞれのニーズの中心に据えられるものです。認知症のある人があるがままに受け入れられ、思いやりの心で、慈しまれる状態であることを示しています。

これらのニーズは私たちを含めた誰にとっても重要なものではないでしょうか。しかし認知症のあ

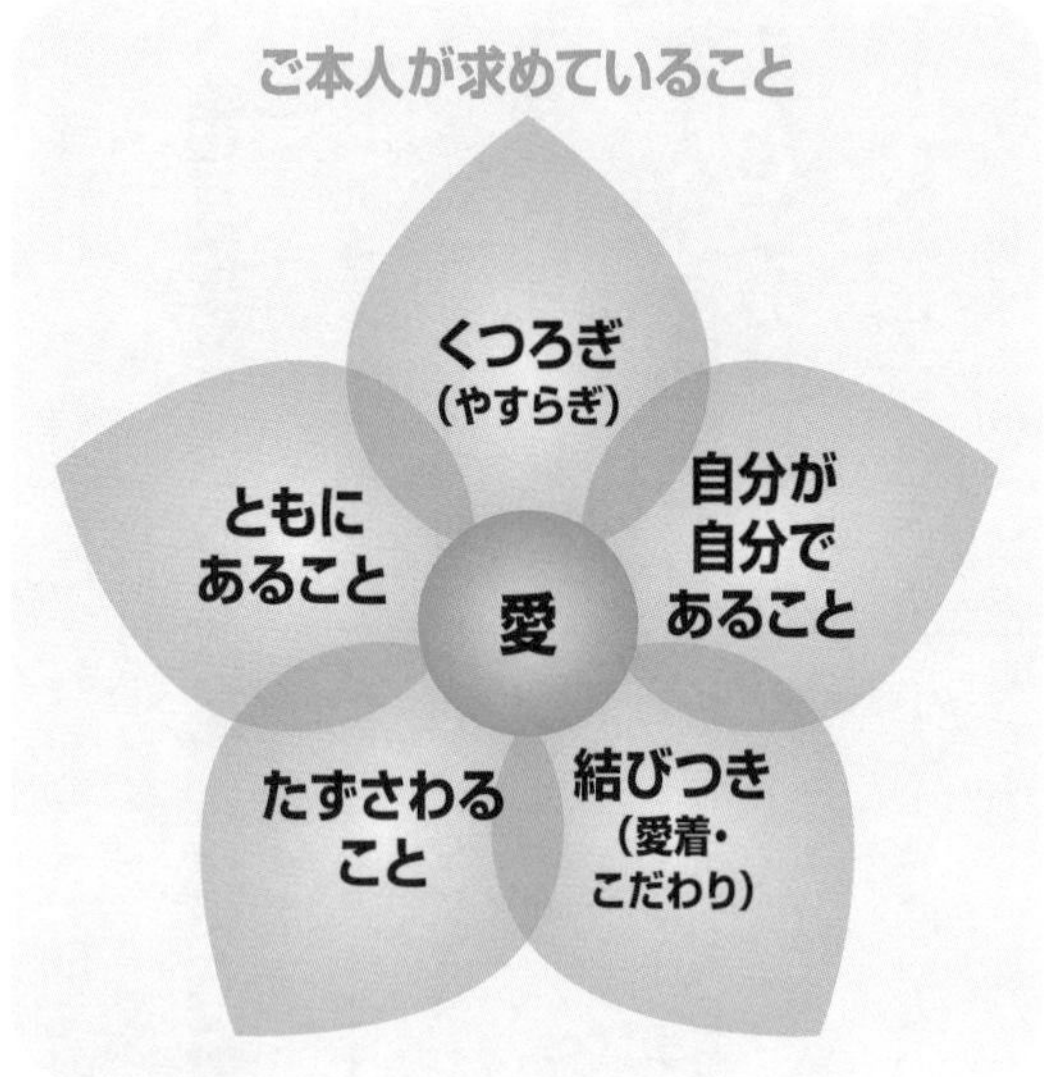

図表3-8● 認知症のある人が持つ心理的ニーズ
出典：トム・キッドウッド著、高橋誠一訳
『認知症のパーソンセンタードケア』クリエイツかもがわ、
2017年、142ページ

る人は、失語をはじめとした認知機能障害により、自分自身でこれらのことを要求したり、満たされているか不足しているかを表現できず、実現できなくなっている可能性があります。

キットウッドは、私たちがこれらの心理的ニーズを損ねるようなかかわりをしていると、警鐘を鳴らしています。それらの行為は**悪性の社会心理**と呼ばれています［**図表3-9**］。

個人を低める行為は心理的ニーズに対応して記載されています。たとえば、本人の「くつろぎ」のニーズは、怖がらせること、後回しにすること、急かせることによって低められるというような形で

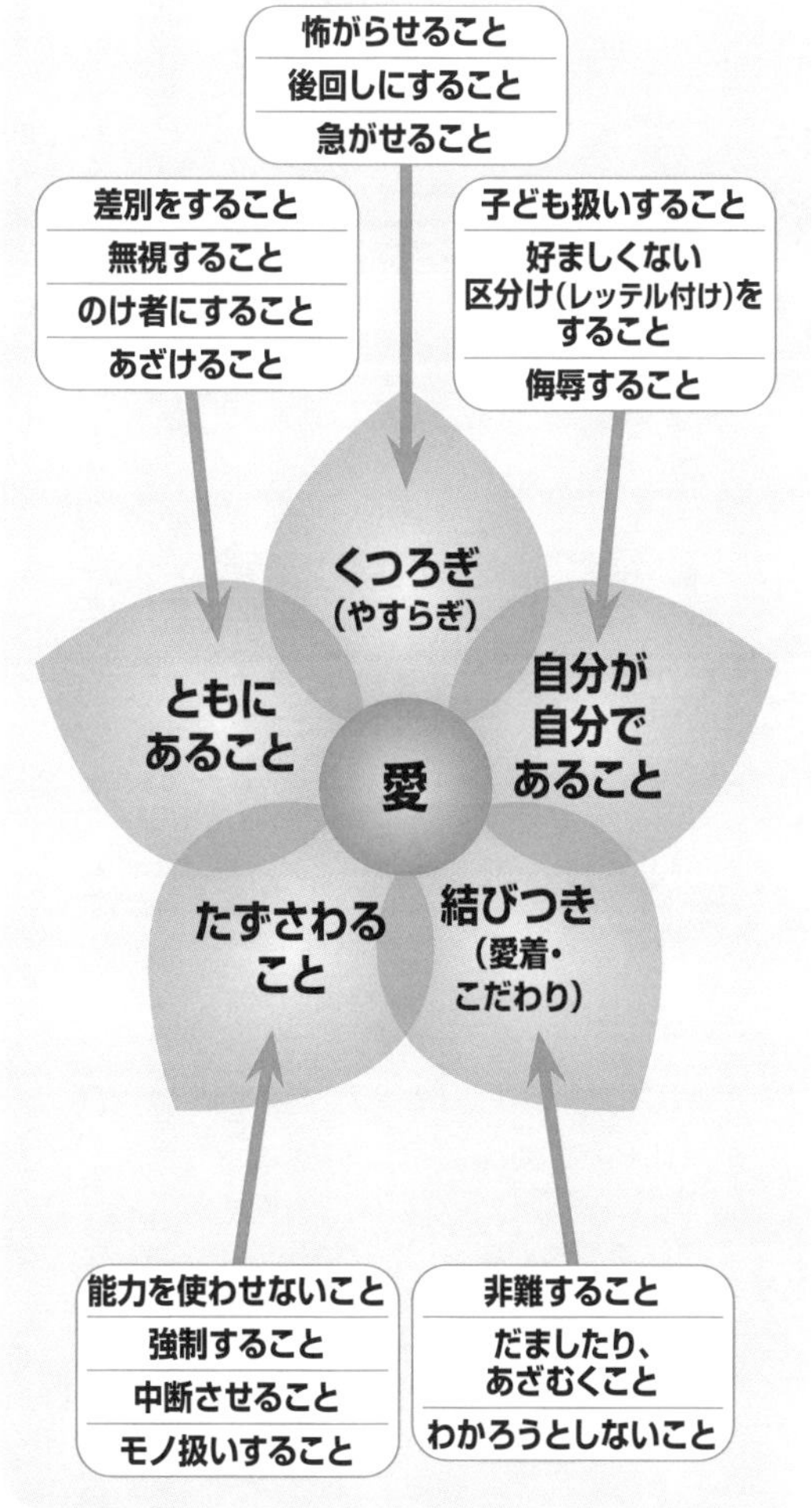

図表3-9●
個人を低める行為［悪性の社会心理］
出典：ドーン・ブルッカーなど『DCM（認知症ケアマッピング）理念と実践 第8版 日本語版 第2版』社会福祉法人仁至会認知症介護研究・研修大府センター、2011年、28〜32ページを参考に作成

みていきます。同じように、「自分が自分であること」を低めるような行為というのは、子ども扱いすること、好ましくない区分けをすること、侮辱をすること。「結びつき」のニーズを低めるような行為は、非難したり、だましたり、あざむく、わかろうとしないこと。「たずさわること」のニーズを低める行為は、能力を使わせない、強制すること、中断させること、モノ扱いすること。「ともにあること」のニーズを低めるものは、差別すること、無視すること、のけ者にすること、あざけることになります。

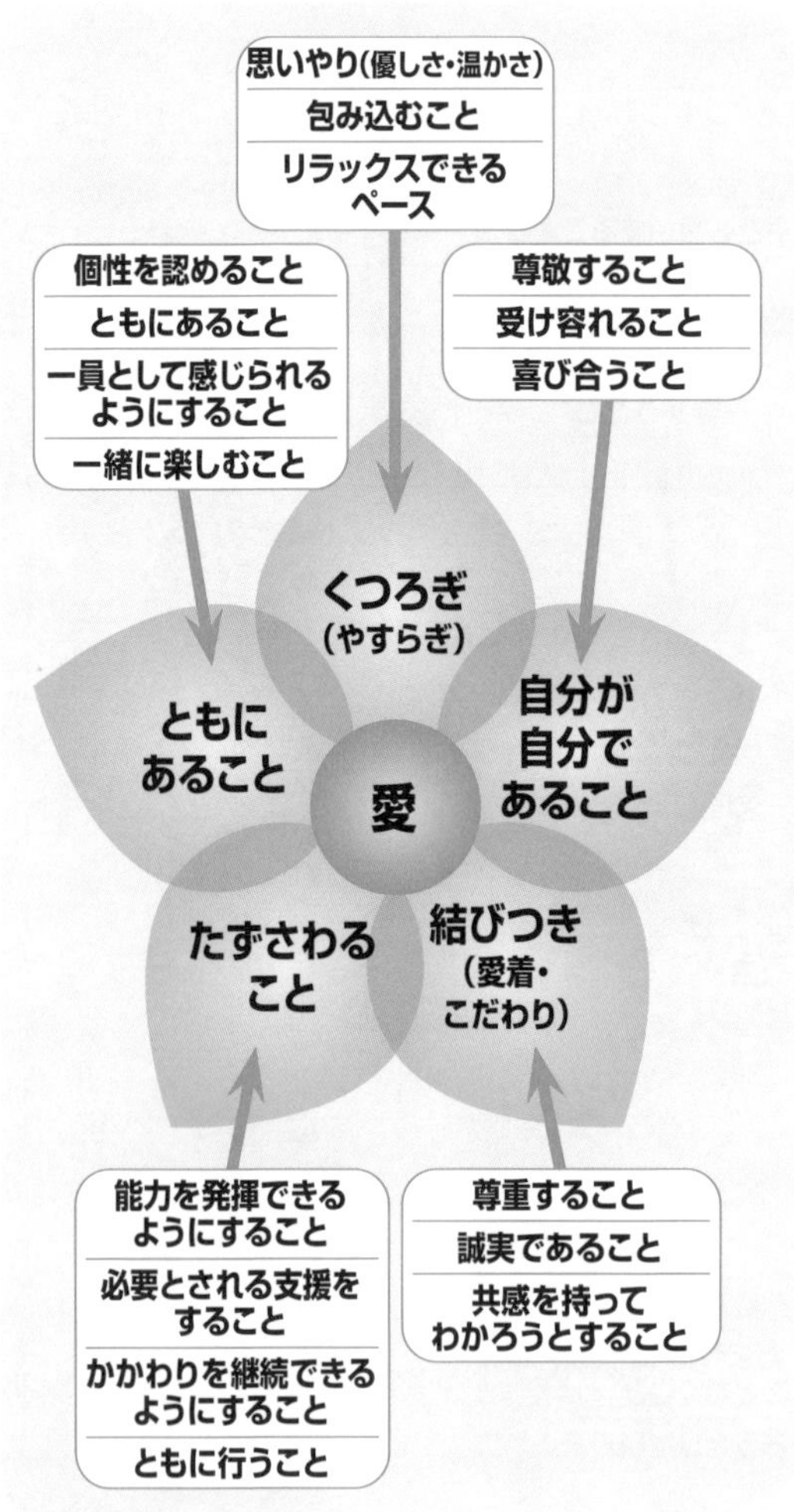

図表3-10● 個人を高める行為

出典：ドーン・ブルッカーなど『DCM(認知症ケアマッピング)理念と実践 第8版 日本語版 第2版』社会福祉法人仁至会認知症介護研究・研修大府センター、2011年、28〜32ページを参考に作成

一方で私たちは、個人を高める行為を行うこともできます。個人を高める行為は、先ほどの逆になります［図表3-10］。たとえば、「くつろぎ」のニーズであれば、思いやり、包み込むこと、リラックスするペースで行うことによって、満たされるようになります。また、「自分が自分であること」については、尊敬すること、受け容れること、喜び合うことによって個人を高めることができます。「結びつき」のニーズであれば、尊重すること、誠実であること、共感を持ってわかろうとすることで高めることができます。「たずさわる」ことのニーズを満たすかかわりは、能力を発揮できるようにすること、必要とされる支援をすること、かかわりを継続できるようにすること、共に行うことで高めることができます。「ともにあること」のニーズを満たすような行為は、個性を認めること、ともにあること、一員として感じられるようにすること、一緒に楽しむことで高めることができるとされています。

「よい状態」「よくない状態」とは？その原因を考える

認知機能の障害が進行すると、自分自身がよい状態であることやよくない状態であるということを表現できなくなる可能性があります。では、進行期の認知症のある人にとってニーズが満たされているよい状態とよくない状態はどのように理解したらよいでしょうか？

キットウッドは図表3-11のように目安を表しています。表現できる、ゆったりしているなどはわかりやすいですが、人に何かをしてあげようとしたり、自尊心があることや、あらゆる感情を表現することはよい状態になります。怒りも表出しているときには自らの表現となりますが、それが誰にも適切に相手にされず憤りがみられたり、不安や恐怖につながればよくない状態となります。また、実は退屈や無関心・無感動、引きこもりの状態もよくない状態とされています。これはさらによくない状態につながる前段階ともいわれています。

では、そのよい状態、よくない状態の原因はどのように理解すればよいでしょうか？　キットウッドは、認知症のある人がどういう状態にあるのかは、脳神経障害だけを評価するだけでは理解できないと言っています。つまりその人の状態をみるというのは、身体的健康、個人の生活歴、性格、その人を取り巻く社会環境についてまでみていく必要があるということです［図表3-12］。

よい状態［目安］
表現できること
ゆったりしていること
周囲の人に対する思いやり
ユーモアを示すこと
創造的な自己表現
喜びの表現
人に何かをしてあげようとすること
自分から社会と接触すること
愛情を示すこと
自尊心（汚れ、乱れを気にする）
あらゆる感情を表現する

よくない状態［目安］
がっかりしているときや悲しいときにほったらかしにされている状態
強度の怒り
不安
恐怖
退屈
身体的な不快感
体の緊張、こわばり
動揺、興奮
無関心、無感動
引きこもり
力のある他人に抵抗することが困難

図表3-11●
よい状態とよくない状態の目安
出典：ドーン・ブルッカーなど
『DCM（認知症ケアマッピング）理念と実践 第8版 日本語版 第2版』社会福祉法人仁至会認知症介護研究・研修大府センター、2011年、39ページを参考に作成

1つの図にまとめると図表3-13のようになります。なんらかの原因があって本人のニーズが満たされない状態となると、よくない状態になるということです。

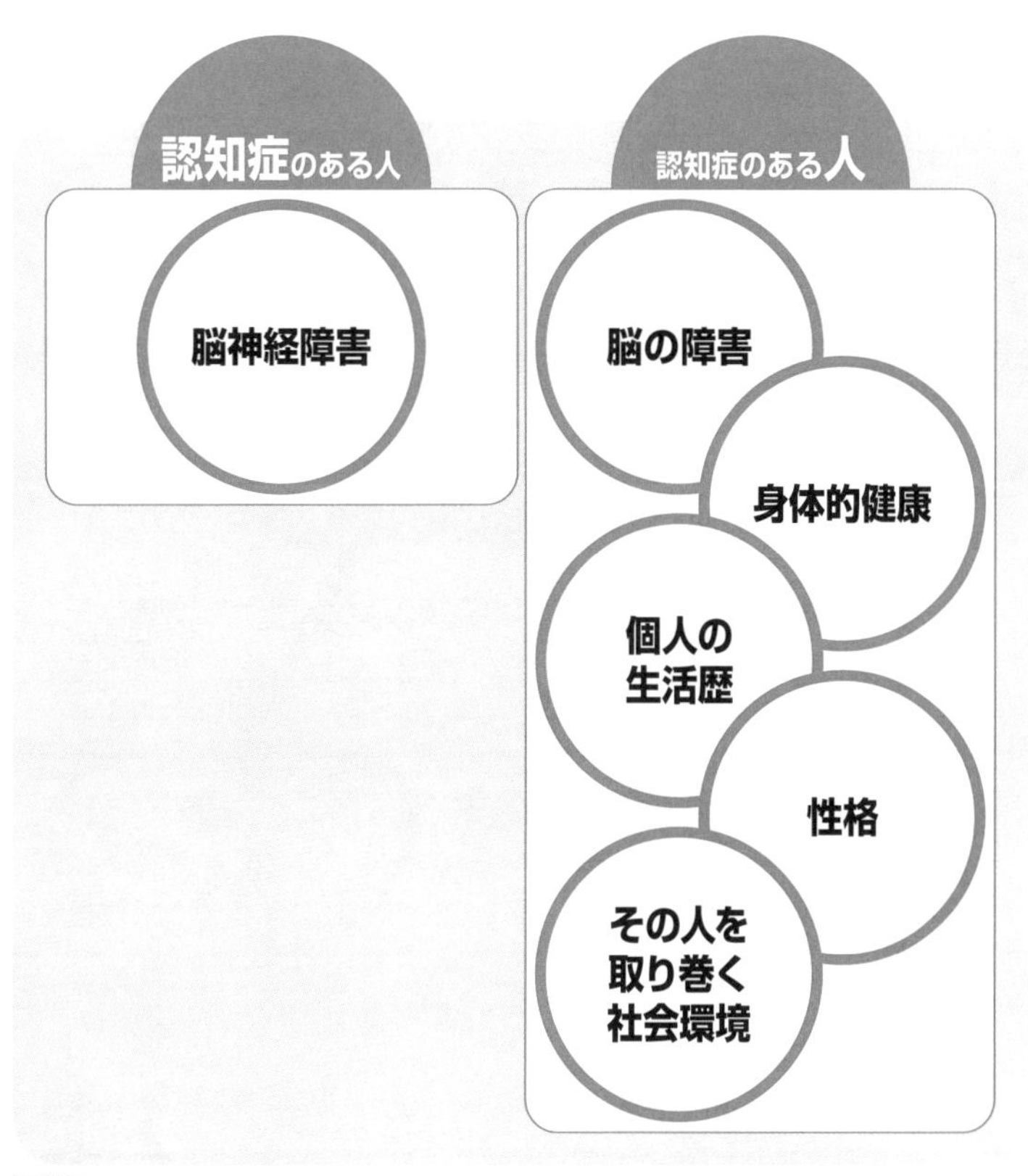

図表3-12●
キットウッドの数式［パーソン・センタード・モデル］
出典：ドーン・ブルッカー著、水野裕監
『VIPSですすめるパーソン・センタード・ケア』クリエイツかもがわ、2010年、67〜72ページを参考に作成

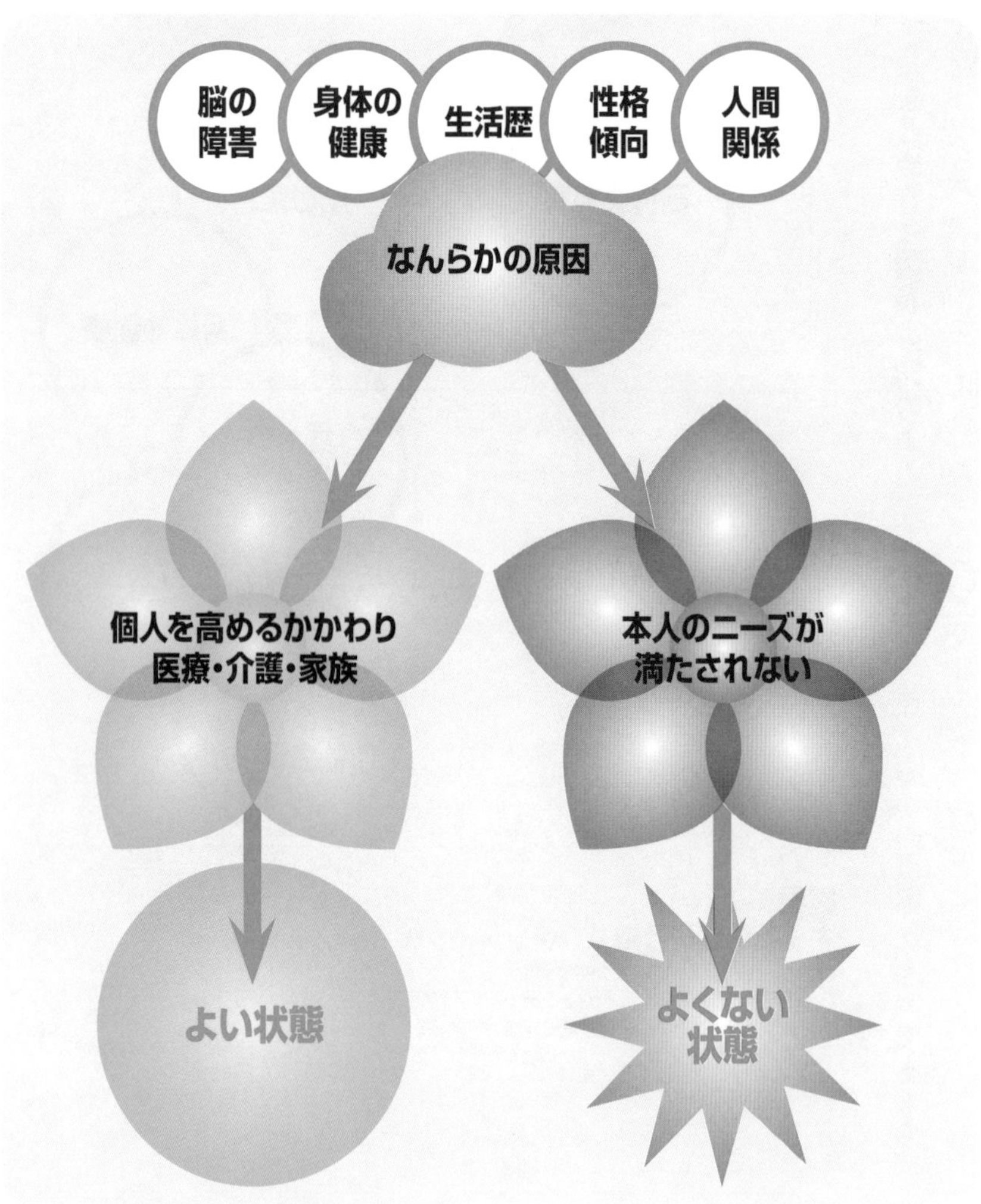

図表3-13●
よい状態とよくない状態の目安
出典：ドーン・ブルッカーなど『DCM（認知症ケアマッピング）理念と実践 第8版 日本語版 第2版』社会福祉法人仁至会認知症介護研究・研修大府センター、2011年、15〜18ページを参考に作成

本人の視点で検証する

私はパーソン・センタード・ケアを学んでからは、できる限り本人のパーソンフッドを維持できるように、心理的ニーズやＶＩＰＳを意識したかかわりを大切にしてきました。しかし、できているかどうかというのは、かかわる相手がコミュニケーションが難しい方の場合には表情などにより推測するしかありません。ときには私の診察にも客観的な評価が必要だなと思う経験がありました。

そこで当院では、所属法人の顧問も務める丹野智文さんに診察に同席してもらっています。この取り組みは、私自身の自己点検として位置づけ、本人と家族への同意を得て行っています。私はこの活動を**本人オンブズマン制度**と呼んでいます。

診察室では丹野さんに、当事者ならではの視点から本人や家族へのアドバイスをしていただいています。そのときに私の診療についてもアドバイスをもらっています。たとえば、丹野さんからこんなコメントをもらったことがあります。「（石原が）患者さんと話しているとき、患者さんは笑顔で楽しそうだったけれど、家族と話をしているとき患者さんはとても不安そうだったよ」と。ブルッカー先生の話にありましたが、認知症のある人は常に専門職を見ているということです。私たちは常に配慮しなければいけないということに気づきました。

丹野さんの視点は専門職同士の振り返りだけでは得られるものではなく、私自身の診察の改善にもつながっています。

丹野智文さんに聞く

認知症の当事者である丹野智文さんの視点から、認知症のある人とのコミュニケーションについて語っていただきました。

石原●認知症のある人とのコミュニケーションってどうやって考えたらいいんでしょう。

丹野●僕は自動車販売の営業の仕事をしてたから不思議なんだけど、コミュニケーションの基本があると思うんだよね。

石原●どういうことですか?

丹野●僕が営業していたときは、何百人といる営業マンのなかから僕から車を買ってもらわないといけない。同じ物を売っているので、どうやって僕から買ってもらうかを一生懸命考えていた。

石原●会社(トヨタ)の車の性能をアピールすれば、売れるんじゃないんですね。

丹野●先生、車の営業の人に、この新車はパワーがこれくらいで、デザインが誰で、燃費がこれくらいで、荷物がこれくらい詰めるから買ってください!って言われて買う?

石原●買わない（笑）

丹野●たくさんの人に大事な買い物を僕から買ってもらうためには、話を聴いて、その人に「丹野さんていいな」って思ってもらわないと売れない。そうでないと、「あの人、値引きしてくれるから」みたいな買われ方をしてしまう。

石原●丹野さん、値引きしなかったの？

丹野●うん。値引きすると際限がなくなる。僕から買わなくても値引きしてくれれば誰でも

写真3-3●
丹野さんとの語りの一コマ

よくなる。そうすると、僕にお客さんがつかなくなる。

石原●へー、そうなんだ。確かに購入時に「よかった」と思える商品を買ったときは、次も同じ店でその店員さんから買うかも。

丹野●会社のブランドで誰でも売れる案件は確かにある。でも営業マンのなかでも自分から買ってもらいたいと思っている人は違うんですよ。仙台にいる150人のセールスマンのなかで、お客さんから僕を選んでもらうという感覚で営業やってました。「自分がいるから来てもらえる」という感覚を養うと他の営業マンより売れるようになってくる。

石原●そういう感覚が、医療・介護・福祉現場で欠けてると。

丹野●うん。誰の顔色見ながら仕事しているのかなと思う。利用者さんに選んでもらえるように仕事しているか？　上司の顔色をうかがいながら仕事をしているのか？　家族の意図に合うように仕事しているのか？

石原●確かに感じることがあります。

丹野●あと、介護職の人たちは、「(利用者の)〇〇さんのこと好き」とか言ってますよね。そうやってうまくいってないお年寄りのことも好きになろうとしている。でも、そうではないと思う。私なら「どうやってお客さんに私のことを好きになってもらおうか?」と思う。

石原●逆ということ?

丹野●そう、逆。職員さんって利用者さんと卓球やってもわざと負ける。折り紙でも「すごい」と言う。そんなことを言う人のことを利用者さんは好きにならない。褒めればいいというのは馬鹿にしている。そんなことを言う人のことを利用者さんは好きにならない。

デイサービスのカラオケだって、利用者さんが歌うのを褒めるだけではダメ。歌えない人はつまらない。僕だったら自分を好きになってもらうためにどうしたらいいか考える。氷川きよしのモノマネを本気でやれば、きっとウケるし、自分のファンができる。

石原●そうか(笑)

丹野●騒いでいる利用者さんに対しても同じ。職員は利用者だからその人を好きになろうとする。だからストレス。しんどくなると、職員でも本人は気づかないけど、気分が乗らなくなってくるし、声のトーンも低くなるし、きつくなる。心に余裕がない。いつもと同じようにやっているつもりでも、相手はわかる。僕でも車が売れていないときは、心に余裕がなかった。声のトーンが下がっていると売れない。与えられた仕事をしているから面白くない。自分で考えて仕事していないと、うまくいかない。

石原●なるほど、まずは自分の心の余裕ですね。

丹野●利用者さんに騒がれたり、嫌われたりしている人には、その人に何か問題あると思うよ。職員1人ひとりが、「私が今日ここにいることは付加価値だ」と考える。そうすれば、「この人が来てくれた、うれしい」と自分のこととして思える。

石原●騒いでる本人ではなくて、騒がれている周囲の人の側の問題を考えるんですね。

私は丹野さんから多くのことを学んでいます。丹野さん、いつもありがとうございます。

3 認知症についての適切な知識や情報を得る

認知症という病気について学び続ける

ここからは、認知症の病気の側面について説明していきたいと思います。なぜなら専門職として、あるいは家族として、仲間として、認知症のある人と過ごすときに、病気の知識は必須だからです。病気を知らないと、誤ったかかわり方をしてしまう可能性もあります。

専門職の皆さんは、本人が診断前であれば行動や家族の説明から病気の症状を推測する必要があるかもしれません。診断後においてもケアマネジャーや地域包括支援センター職員であれば、主治医意見書を取り寄せた場合に、本人にどのような症状があって、どんな診断を受けたのか、その内容についても理解できる基礎知識を持っていると、その後の本人や家族へのかかわりが、よりスムーズになる可能性があります。まずはしっかりと病気について学び、知識を持ちましょう。

ただし、診断名が偏見を生むこともあります。前述したとおり、医師がつけた診断名は、時間経過のなかで変わることもあります。また、ここでの説明は、認知症についてのすべてを解説しているわけではありません。医療は常に進歩し、社会情勢も変化を続けます。かかわる専門職も常に新しい情報を得る努力を続ける必要があります。

認知症の定義と主要な症状

認知症は明確な定義があります。

２０１３年５月に刊行された米国精神医学会による精神疾患の診断基準（ＤＳＭ-５）では、認知症とは、１つ以上の認知領域が以前の機能レベルから低下している状態と定義されています。

つまり、次のいずれかに障害があり、日常生活をおくるのに支障がある状態ということです。認知症と診断された人にみられる代表的な症状をチェックリストとともに説明します。

1●複雑性注意［注意を維持したり、振り分けたりする能力］
2●実行機能［計画を立て、適切に実行する能力］
3●学習および記憶［学習したり、記憶する、それを呼び起こして表出する能力］

4●言語［言語を理解したり表出したりする能力］
5●知覚-運動［正しく知覚したり、道具を適切に使用したりする能力］
6●社会的認知［他人の気持ちに配慮したり、表情を適切に把握したりする能力］

1●複雑性注意の障害

私たちの周りには音や光、振動など、さまざまな刺激があふれています。そのなかから必要とする特定の刺激を選択して、それに集中する能力を複雑性注意といいます。これが障害されると、昔からしていた家事ができなくなったり、間違いが多くなったりします。そのため、何度も確認するようになります。

また、２つ以上の刺激に注意を向けるのが難しくなり、「ながら仕事」ができなくなります。具体的にはラジオを聴きながら料理をするなどができなくなったり、仕事にかかる時間が長くなることもよくあります。

チェック

●頼んだことを継続して行うことができますか？
●容易に注意がそれますか？
●とても集中しないと物事ができませんか？

●「ながら仕事」が難しくなりましたか？

2●実行機能の障害

目的を成し遂げるために計画し、一連の活動を効率よく行うための複合的な過程を実行する機能を実行機能といいます。これが障害されると、料理など、手順がいくつも必要な仕事をこなすことが困難になります。また、金銭管理、服薬管理、買い物、家事、仕事、旅行の計画、携帯やリモコンの操作方法などもわからなくなります。整理整頓が難しくなり、人との会話にもついていけないことが増えてきます。

チェック

- ●もともとできていた料理が難しくなりましたか？
- ●旅行など、計画を立てることが難しくなりましたか？
- ●判断をするのが以前より大変ですか？
- ●手数の多い作業を行うことが難しくなりましたか？
- ●大人数の集会への参加が苦手になってきましたか？（複雑性注意にも関係します）

記憶には内容、過程、時間軸という3つの分類方法があります。

1つ目の「内容」による分類は、陳述記憶と非陳述記憶に分けられます。陳述記憶は内容を言葉で述べたり、イメージすることができるものの記憶です。その1つであるエピソード記憶は、いつ、どこで、何が起こったかという日常の出来事の記憶のことです。もう1つの意味記憶は、りんごは赤くて丸い物であるという「知識」にあたるものです。

非陳述記憶は、言葉やイメージで再生されない、行動として再生される記憶のことです。その1つである手続き記憶は、たとえば自転車をこぐ、泳ぐなどの「身体で覚える」といったことになります。

2つ目の「過程」による分類は、記銘、把持（はじ）、想起といった3つの過程に分けられます。記銘は情報が頭に入ることです。把持とは、一度記銘された情報が保存されていることを指します。想起は、把持されている記憶を呼び起こすことを指します。想起のなかには、自分で思い出す再生と、正しいものを選択肢の中から選ぶ再認が含まれます。

3つ目の「時間軸」による分類は、即時記憶、近時記憶、遠隔記憶に分けられます。即時記憶は、電話番号を見てすぐにかけるような、非常に短い記憶です。近時記憶は数分から数日間の記憶のことで、たとえば昨日の昼食の内容といったものになります。遠隔記憶は、幼少時の思い出など近時記憶よりも長い時間が経ったものになります。なお、介護保険の主治医意見書に用いられる短期記憶は近時記憶と同等の意味で用いられています。

チェック

- 最近のことを思い出すのが難しくなりましたか？
- 会話中に同じ話を何度も繰り返すことがありますか？
- その日の段取りを覚えていることが難しくなりましたか？
- 映画や小説の登場人物を把握することが難しくなりましたか？

4・言語の障害

言語の障害には失語症、構音の異常、発語失行の3つがあります。

失語症で、言葉が思い出しにくくなり「あれ」「それ」と言うことが増えてきます。また、話が通じにくくなる、文法が理解できなくなるなどの障害があります。

構音の異常とは、脳幹などの構音器官に異常が生じるもので、呂律障害などを伴い発話がしづらくなります。

発語失行では大脳の障害により、発話がたどたどしく、話しづらそうになります。

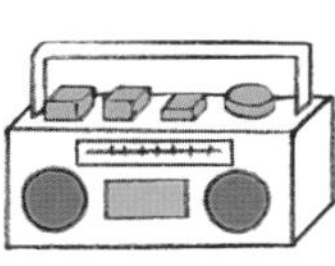

チェック

●「あれ」「それ」などの言葉をよく使うようになりましたか？
●親しい友人や家族の名前が出なくなりましたか？
●単語の使い方を間違えたり、文法的な誤りが増えましたか？
●相手の言う言葉のおうむ返しが増えましたか？（言語の省略）
●話が聞き取りにくくなりましたか？

5●知覚・運動の障害

知覚や運動が障害されると他の場所へ行くのに以前より地図や人に頼る必要が出てきます。また、車を駐車するのが苦手になったりすることもあります。大工仕事や組み立て、縫い物、編み物のような作業に、より大きな努力が必要となります。このなかには知っている人の顔がわからなくなる相貌失認や道具の使い方がわからなくなる観念性失行、習得された動作のなかでも〝さようなら〟や〝おいでおいで〟のように言葉で動作が思い浮かぶ社会的習慣的動作の身振りの誤りである観念性運動失行なども含まれます。

チェック

●それまで親しんだ道具の使い方が困難になりましたか？

- 車の運転が苦手になったり、事故を起こすようになりましたか？
- 方向確認に地図や他人に頼らなければならないことが増えましたか？
- 大工仕事や縫い物、編み物のようなことが苦手になりましたか？

6●社会的認知の障害

行動や態度に微妙な変化が出現し、その場の空気を読む力、または周囲の人の顔の表情を読む能力の低下、感情移入の減少、外向性または内向性の増大、無気力または落ち着きを失った状態などをきたします。

チェック

- 社会的に不適切な行動をしてしまうことがありますか？
- 宗教的、政治的な話題などに対して、標準的な節度を無視するような発言がありますか？
- 興味を持っていない話題にもかかわらず、極端に固執することはありますか？
- 家族や友人に対して配慮のない行動とりますか？
- 安全性を無視した判断をしますか？

行動心理症状［BPSD］を枠組みを外して理解する

皆さんは行動心理症状という言葉を聞いたことがありますか。行動心理症状は英語の頭文字をとってＢＰＳＤ(Behavioral and Psychological Symptoms of Dementia)と称されることもあります。国際的な定義としては、「認知症患者にしばしば生じる、知覚認識、思考内容、気分または行動の障害による症状」とされています。

日本では認知症の「中核症状」に対して、「周辺症状」と呼ばれることもあります。皆さんも、中核症状として記憶障害、失語などの認知機能障害があり、それを取り巻くように周辺症状（ＢＰＳＤ）として不安、抑うつ、徘徊、幻覚、錯覚、介護拒否、失禁などが書かれた図を見たことがあると思います。

しかし私は、この図で症状を理解することに難しさを感じることが多くありました。たとえば、レビー小体型認知症の幻視は周辺症状というよりは、その疾患の中核的症状と言えますし、特発性正常圧水頭症でみられる排尿障害(尿もれ)は、この疾患の3大特徴の1つに含められているからです。さらに、周辺症状としてあげられる症状は、脳の障害からのみ引き起こされるものではなく、周囲の関係性からも影響を受けていることが多くみられます。

私は、いろいろと考えて、認知症の症状は、**図表3-14**のように考えるべきではないかという考えにいたりました。

従来私たちは、認知症のある人が感情的に不安定なときや、周囲の人にとってよくない状態がみられたときに、なんらかの対応が必要と考えます。そのときに中核症状と周辺症状を理解して、脳の障害を突き止め、適切な薬剤を投与することが原因の解決につながると考えていました。

一方で、そのよくない状態というのは、脳の障害だけではなく、身体の健康状態も影響しますし、

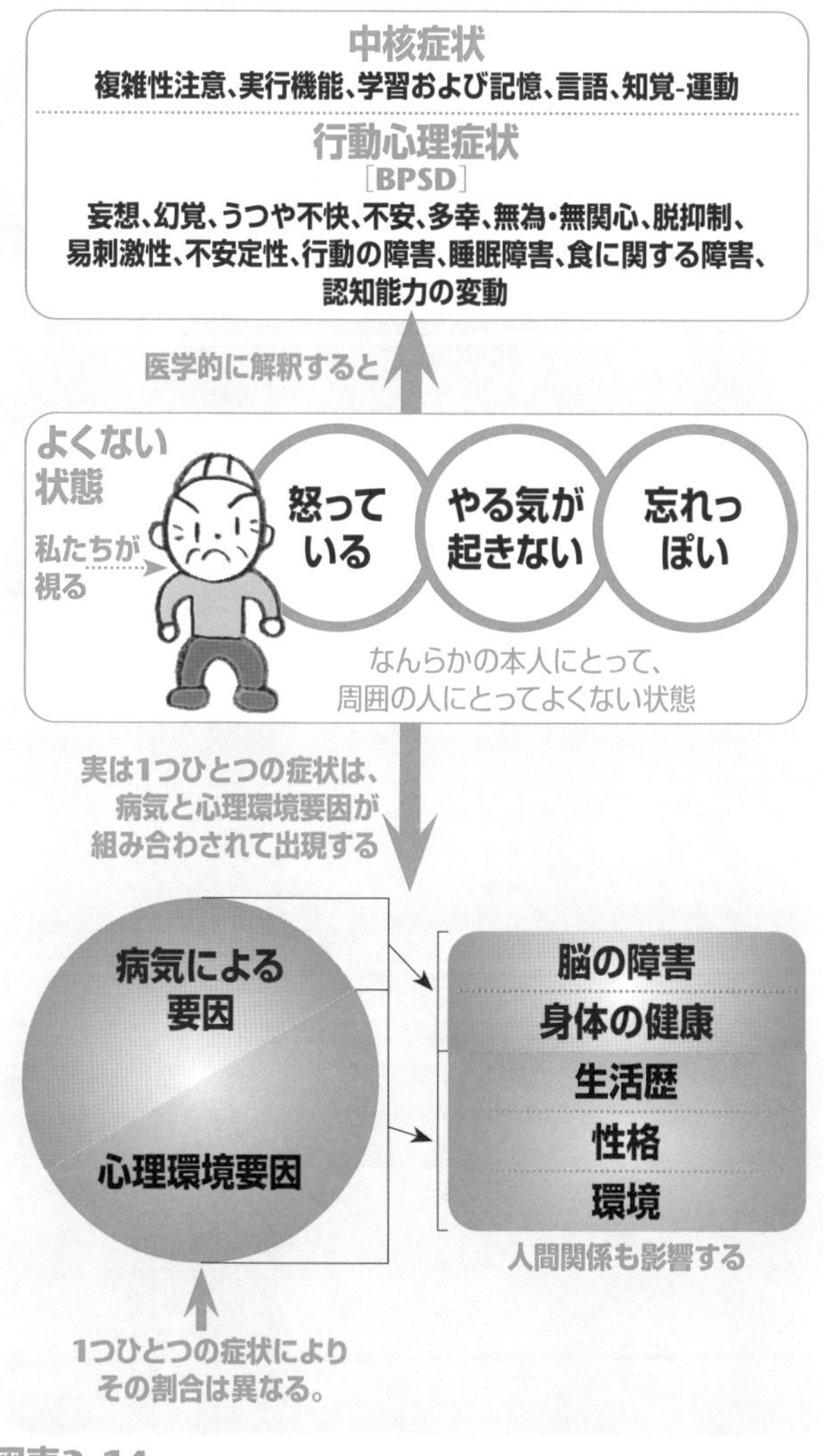

図表3-14●
認知症のある人にみられるさまざまな行動変容の要因

心理環境要因も大きく関係していると言われています。そして、心理環境要因はもともとの生活や性格、周囲の人との関係性や環境も影響すると言われています。

このように、認知症の症状を中核症状、行動心理症状と分けるのではなく、まずは出現している症状に対して病気による要因と心理環境要因の両面からとらえます。そして原因を脳の障害、身体の健康、生活歴、性格、環境の面から考えてかかわることが求められているのではないかと思うのです。

認知症の状態を左右する差別や偏見

先に述べたように、認知症とは脳の病気によって社会生活に支障をきたす状態と言われています。しかし、脳の病気だけが本人の現在の状態を作り出しているのではなく、身体の健康、フレイル、性格や気質、生活歴、環境(支援、配慮、関係性)、住まいなど、本人が抱えている状況の結果が今の状態を作り出していることをお伝えしました。

ここに大きな影響を与えているのは、私たちが知らず知らずのうちに持っている差別や偏見の意識です。本人にとって、適切な支援が差し伸べられず、社会的に孤立したり、偏見を持たれたり、差別されたりすることによって、本人の状態はさらに悪化していくのです。こうしたことが行動心理症状が起こる原因になるとも考えられます。

図表3-15●
差別や偏見が認知症のある人に与える影響

主な行動心理症状［BPSD］とその特徴

前頁でお伝えしたとおり、行動心理症状（BPSD）は病気が要因のものと、心理環境要因が合わさって出ることを前提に読んでください。

妄想

事実でないことを信じ込んでいる状態です。たとえば誰かが危害を加えようとしたり、金品を盗もうとしている、家族の誰かが偽物とすり替わってしまった、家が自分の家でないと言ったりします。単なる疑いではなく、実際に起こったことであると確信しており、訂正はできません。内容は変化しやすく、自分で思っていることが「何かおかしい」と気づく方もいます。

幻覚

実際にはないものが見えたり、聞こえたり、経験しているように知覚することです。本人にとっては実際に音や映像などの異常な経験をしているので、頭ごなしに否定すると関係が悪化する原因になります。

うつや不快

負の感情を伴い、涙ぐんだり、むせび泣くこともあります。自分を卑下したり、失敗するような気がする、自分を悪人であるとか、罰せられるべき人間であると言うこともあります。非常にがっかりしたような様子で、未来がないと言うこともあります。悲しそうで、落ち込んでいるように見えます。

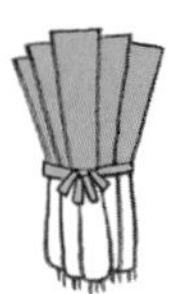

不安

特に理由もないのに非常に神経質になったり、心配したり、恐れたりします。計画されたことに対して心配であると常に言ったり、ふるえを感じたり、リラックスできなかったり、過剰に緊張しているときがみられます。明らかな原因がないのに、息苦しさや喘ぎ、ため息をついたり、人ごみなどの落ち着かない場所や状況を嫌がる、介護者がいなくなると落ち着かなくなったり、混乱したりする状態です。

多幸

理由もないのに過度に機嫌がよかったり、幸せそうな状態です。持続する異常な上機嫌や他の人は面白くないのに1人で面白がっていることがあります。面白がってつねったり、物を取って返さないような子どもっぽいいたずらをすることもあります。

無為・無関心

周囲のことに関心を失ったり、新しいことを始めようとする気がなくなった状態です。会話に参加することが難しくなったり、これまでと比べて自発性や活発さが少なくなります。

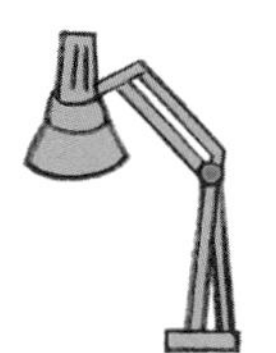

脱抑制

深く考えずに衝動的に行動するように見えます。通常なら公衆の面前でしないような言動をとることもあります。結果を考えているとは思えないような衝動的な行動、まったく見ず知らずの人にあたかも知人であるように話しかけたり、他人の感情を配慮しない、あるいは傷つけるようなことを言うなど、それまでのその人からは想像できないような無礼をはたらいたり、触ったり抱きしめたりすることもあります。

易刺激性・不安定性

易刺激的で容易に平穏が乱される状態です。気分が非常に変わりやすく、それまでとは異なった短気、急速な情動の変化がみられます。機嫌がよかったのが1分後には怒り出すような急激な気分の変化、議論好きで調子を合わせていくことが難しくなることもあります。

行動の障害

毎日同じ道順で家の周辺を歩き回ったり、引き出しや戸棚などを開けては閉じるなど同じことを繰り返す行動が見られます。服を繰り返し脱いだり着たり、ボタンをもてあそんだり、紐を巻き取ったり、じっと座っていられなかったり、過剰に足や指をトントンと叩くこともあります。

睡眠障害

認知症では睡眠に変調をきたすことも多いです。寝つけなかったり、夜間に頻回に起きるだけでなく、寝言が増えたり、歩き回るなどのレム睡眠行動障害が起こることがあります。場合によっては、夜間に同室者に危害を加えたり、朝になると物が壊れていることもあります。

食欲あるいは食行動の異常、食習慣の変化

認知症では食欲不振や亢進が起きることがあります。口の中に一度に大量の食物を入れるなどの食行動の変化、過量の甘い物や決まったタイプの食物を欲しがるなど、好きな食物の種類に変化がみられることもあります。その結果、体重が増加したり、減少することもあります。

認知能力の変動

調子がよいときと悪いときに大きな差が出ることがあります。いつもはできることができなくなったり、いつもは理解できることがまったく理解できなかったりします。他人に呼ばれても気づかなかったり、反応が遅かったり、集中力がなくなったりします。

いずれの項目も、脳の疾患が原因で悪化することもありますが、周囲の人との関係性や身体疾患、本人の生活歴や性格傾向も大きく影響しますので、総合的に判断する必要があります。

ポジティブデビアンスアプローチで現場の問題を解決する

現場では、同じ状況なのに、なぜかうまくやっている人とそうでない人がいます。うまくやっている人に焦点を当てて解決する方法をポジティブデビアンス（PD、片隅の成功者）アプローチと言います。

私の外来には患者さんのケアにかかわる職員が同席することがあります。いろいろ話しても解決策がみいだせない場合は、「Aさんにかかわっている方で、多くのスキルなどを持たずとも、Aさんと良好な関係を保っている方はいらっしゃいますか？」と聞きます。そうすると、職員さんはひとしきり考えて、「います！」とお答えになることが多いです。そこを発端にして本人にとってよいかかわりを探していくことを行っています。興味があるの方は、フェイスブックページ［https://www.facebook.com/PositiveDevianceJapan/］などをチェックしてみてください。

アルツハイマー型認知症を理解する

認知機能を低下させる疾患は100種類以上あります。その認知症の原因疾患のうち、もっとも多いのがアルツハイマー病と言われています。

アルツハイマー病とは

アルツハイマー病は、大脳皮質(脳の表面)にある神経細胞にタウタンパクが蓄積して死滅し、さらに神経細胞の外にアミロイドβタンパクが沈着してできる老人斑が多くみられるようになる神経変性疾患の1つです。最初は海馬のある内側側頭葉から障害され、徐々に側頭頭頂連合野や前頭連合野が障害されます。

アルツハイマー型認知症という言葉もよく使われますが、定義上は以下に述べるアルツハイマー病でみられる症状をきたす病気の総称を示しています。日常的には区別して使用されていることはほとんどありません。

典型的なアルツハイマー病では、新しいことが覚えにくくなり、エピソード自体を忘れるため、最近の出来事をうまく説明できなくなります。また会話についていけなくなりコミュニケーションが取りづらくなる、状況を把握して判断するのが難しくなり、「忘れたこと」を忘れるため同じ失敗を繰り返すようになります。

その他にも自分の居場所や時間がわからなくなる見当識の障害や、物体と物体の距離がつかめなかったり、目の前の物を見つけられない視覚認知の障害がみられます。

第2章で述べたように、アルツハイマー型認知症が病理学的に証明されたアルツハイマー病であると診断される確率(正診率)は世界最高レベルの医療機関でも約8割です。記憶障害をきたす別の認知症疾患もみつかっています。さらに臨床的には老化と区別できず、他の認知症と合併することもあります。したがって通常の診療では症状を中心に調べ、画像変化を参考にしながら診断の見通しをつけ

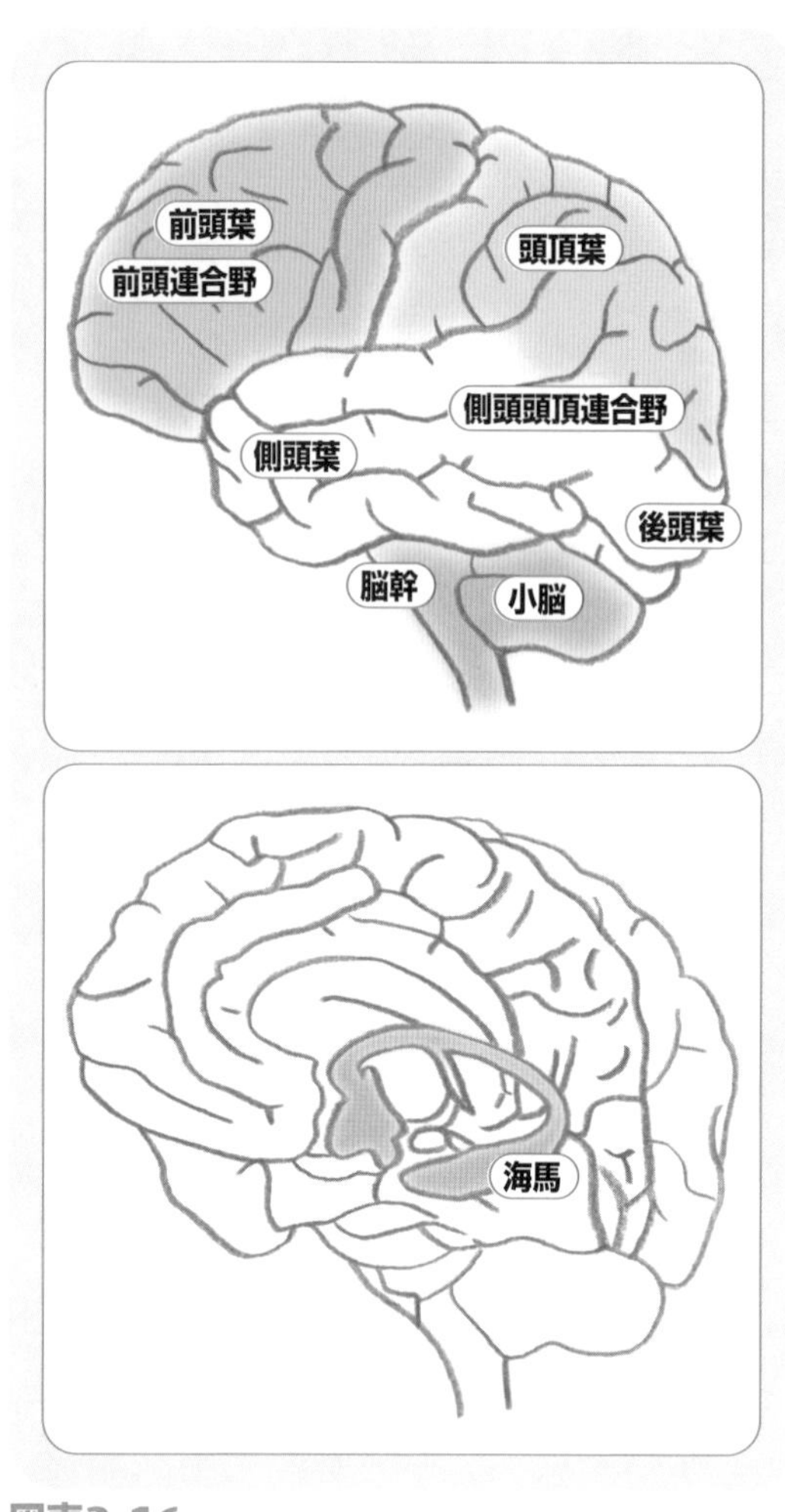

図表3-16●
全脳と海馬の位置

ていきます。症状の進行具合は認知機能検査を約半年毎に行いながら確認します。

診断は、前記のような症状がないか問診で確認し、ＭＲＩまたはＣＴの画像で脳の萎縮部位を確認します。また脳血流シンチグラフィーで脳の血流低下部位を評価して診断します。

たわいのないエピソードを覚えていない

日付がわからなくなる

慣れている場所で迷う

これまでできていた料理などができなくなる

会話で単語が出てこなくなる、繰り返し同じ話をする

服が着られなくなる

目の前の物を見つけられない

化粧がしづらくなる

図表3-17● アルツハイマー病でよくみられる特徴

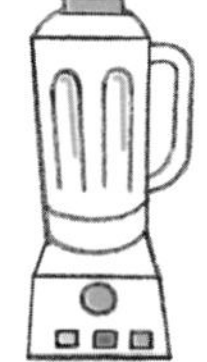

主な症状に対するかかわりのヒント

いわゆる〝もの忘れ〟への工夫

近時記憶［128ページ］が障害されると、カレンダーに予定が書きこまれていても、今日が何日かわからないため、どうしたらよいかわからないことがあります。かたわらに見やすい日付表示のついた電波時計を置いておくとよいでしょう。ただし、デジタル時計よりアナログ時計のほうが見やすい方もいるので、本人が認識しやすいほうを選びます。

予定表（カレンダー）にたくさんのことを書き込んでおくと見落としてしまうので、当日の予定だけは別にホワイトボードに書くなどの工夫を行ってもよいでしょう。

道に迷っても備えられるようにする

通常、中期程度までは合併症がなければ麻痺や運動機能の低下がないので末期になるまでしっかり歩けます。このため、多くの家族が道迷いを心配します。対策としては、いつも持つバックに住所と名前を書いたカードを入れておくとよいでしょう。よっぽど遠方まで行く方でなければ、事足りる時期もあります。

また、スマートフォンのＧＰＳ機能やアプリを活用することもおすすめしています。たとえば、iPhone® 同士であれば、〝友達を探す〟アプリ*8（・iＯＳ13以降は〝探す〟アプリ*9）の設定をして、常にパートナーと本人の位置情報が共有できるようにしておきます。どちらかがアンドロイドであったり、パソコンで確認する場合はGoogleマップというアプリを使って〝位置情報を共有する〟ことができます[*10]。

携帯にGPS機能がない場合は、必ず持つバックや靴にGPSをつけることも有効です。私はGPSについても本人にも説明しています。自由に外出するための物であることを伝えれば、ほとんどの方が装着に納得してくれます。なお、市町村によってはGPS機器に対して補助が出ることがありますので、詳しくは地域包括支援センターや担当のケアマネジャーにご相談ください。

行為の障害を防ぐ方法

一般的にこれまで長年行ってきた家事やお稽古事などのルーチンワークとなっている行為は、発症してからも比較的長く続けることができます。しかし、転居してゴミ出しのルールが変わったり、お稽古場が変更になったり、新しい電化製品に変えたりしてルーチンの型が崩れると、とたんにできなくなってしまう場合があります。入所するとこれまでできたことができなくなり、症状が進行したようにに見えるのはこのせいです。ですから、本人のできることを維持するためには、本人のやり方、生

＊8 https://support.apple.com/ja-jp/HT201493
＊9 https://support.apple.com/ja-jp/HT210400
＊10 https://support.google.com/maps/answer/7326816

活の場をできる限り変えないことが重要です。

記憶障害よりも頭頂後頭葉に障害が強い人（後部皮質萎縮症：ＰＣＡ）では、先ほど述べたような慣れ親しんだ道具がうまく使えなかったり、道具に対する認知が障害される失認が発症初期からみられます。箸が使えなかったり、化粧がうまくできないなどの日常生活上の不具合がたくさん出現しますが、記憶は相対的に保たれている場合もあります。１人ひとりの苦手な部分に対して適切な配慮が求められます。こういった工夫については、作業療法士にアドバイスをもらったり、認知症の本人同士の交流会などに参加して情報交換するとよいと思います。

レビー小体型認知症を理解する

レビー小体型認知症は、認知機能がはっきりしているときとぼーっとしているときの差が激しく（変動する認知機能）、その変動にともない壁のしみや床の木目などが人や虫などに見える幻視（パレイドリア）が出現したり、認知機能低下に続いて顔の表情がなくなったり、動作が緩慢になり、転倒しやすくなるなどのパーキンソン症状をきたす認知症です。

後頭頭頂葉に障害をきたすことが多く、間取りが変わって見えると訴える方も多いです。このような視空間認知障害などの有無も診断のポイントとなります。また、便秘や起立性低血圧、失神などの自律神経症状やレム睡眠行動障害（夜間に起き上がり、行動する）、嗅覚障害（においを感じなくなる）

などをきたすこともあります。このような症状は本人が言うことは少ないので、短時間で評価するためには、積極的に症状について聞いていき、確認する必要があります。

なお、パレイドリアは、不安になると増えるといわれています。落語を聞いた後と四谷怪談を聞い

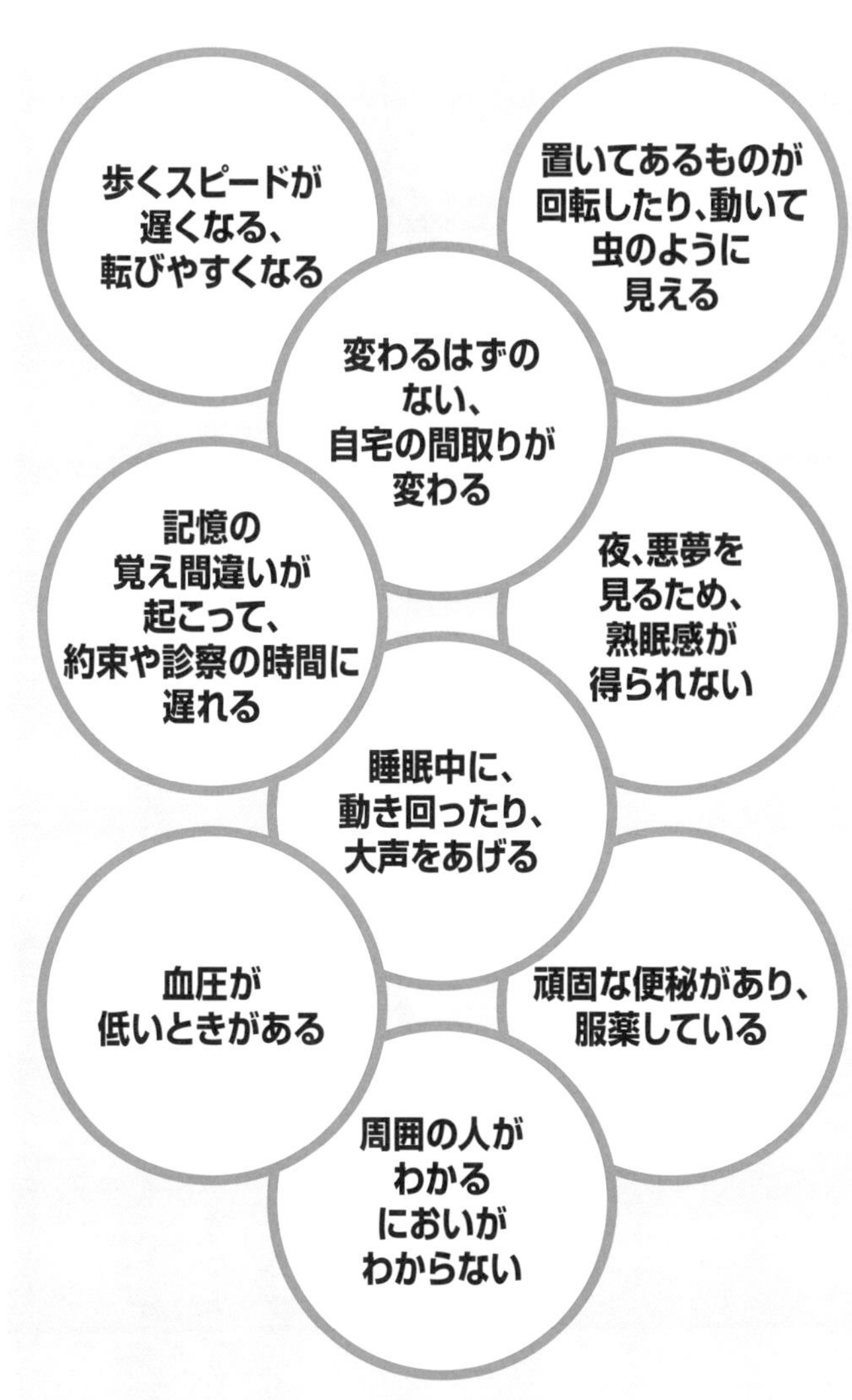

図表3-18●
レビー小体型認知症でよく見られる特徴

た後に同じテストを行うと、四谷怪談を聞いた後の方に多くのパレイドリアが出現したという報告があります。つまり、心理的不安によって幻視が誘発されるということです。

レビー小体型認知症では、記憶が大変良好な方もいます。詳細な記憶に舌を巻くこともしばしばですが、ぼーっとしているときの記憶はあいまいなため、覚えていることと覚えていないことの差が激しい場合や、事実を間違って覚えてしまう誤認症状などが起こります。ぼーっとした状態でいくら話しかけても応答が良くないため、目がきちんと覚めているときに行動していただくようにすると失敗が少なくなります。

また、抗精神病薬への過敏性が高く、転倒をきたしやすくなるので注意が必要です。なお、パーキンソン病で1年以上経過した後に認知機能が低下する認知症合併パーキンソン病も基本的には原因は同じ物質が脳に沈着しています。

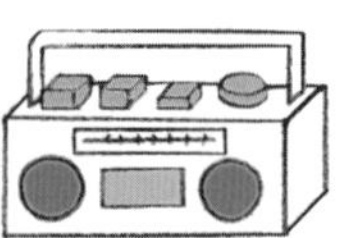

片倉文夫さんに聞く

片倉文夫さんは84歳の男性です。趣味は大リーグ観戦です。片倉さんは、奥さまの認知症介護の経験があり、人一倍体調に気をつけ、運動やマンションの住民との交流を積極的に行ってきました。

ある時、いつもできていた書類の整理ができなくなる、計算が難しくなる、夜になると蛇の幻覚が見える、自宅の間取りが毎日変わるように思えるという症状が出たため当院を受診。さまざまな検査の結果、レビー小体型認知症の可能性があると診断されました。

片倉さんは診断を受けた後、自らの体験について講演会で話すことで、疾患の理解を広げる活動をしています。そこでお話しになることについて、許可をいただき掲載いたします。

私がこの世の中で一番嫌いな物の1つが蛇なんですね。子どものなかには蛇を振り回すようなわんぱくな子もいるかもしれませんが、私は子どもの頃から蛇が嫌いでいつも後ろに下がって逃げの姿勢でおりました。

その蛇が、夜になって私がベットに寝ようとして布団をめくると、何匹もいるわけです。

長い蛇がベットの端にいる。2匹ぐらいいるときもあります。もしいないとしても、別のところをひっくり返すとそこにいたりするのです。ひどいときは、私が寝ていると、横に5匹ぐらい束になって入っていて、前に出てきたり、下がったりしてリズミカルに動いているわけです。これはシマヘビなので怖くはないです。

しかし、ときにマムシが入ってくることがあります。マムシは毒蛇ですから、かじられたらどうしようかと、夢のなかでトレーニングをしているわけです。口で吸い取って、吐き出すような。足までは噛まれても大丈夫だな、ただ顔とか背中をやられたときには処置なしだなと真剣に考えながらいたわけです。

蛇で怖かったのは、大きな蛇が来て私を飲み込んだのです。足の方から飲み込まれたので、そのとき考えたのは、今飲みこまれると、骨がなくなってしまう。せっかく立てたお墓に納骨することができなくなってしまうので、必死にここから抜けなきゃなんないと思ってもがきました。

頑張ってとうとう抜けたんですけども、息子が隣の部屋からきて、お父さんが苦しそうにうごめいて、異様な声をあげていたと言っていました。息子には、「そのときは夢のなかで逃げようとしていたんだ」と言いました。つまり、自分でも夢だということはわかっているのです。

もう1つは毎晩家の間取りが違っているのです。当然間取りはきちんとしているのですが、間取りが違って見えるのです。毎晩1回はトイレに起きるのですが、とびらを開けて廊下に出ようとすると、外に出てしまうとか、迷路のようになかなかトイレに行けない仕組みになっているのです。私は絵が好きなので、部屋や廊下にかけてあるのですが、苦労しているとそれが道案内になって、トイレの近くの絵が見えてきて、トイレだ！　と安心することができるのです。

最初は、このような体験が怖くて怖くて仕方がありませんでしたが、説明と治療を受けることでずいぶんと楽になりました。

写真3-4●
片倉文夫さん

血管性認知症を理解する

血管性認知症では、麻痺を伴うことが多くみられます。脳梗塞が多発すると、飲み込みが悪くなり（嚥下障害）、活舌も悪くなります（構音障害）。また顔の表情が少なくなったり、動作が緩慢となることも多いです（パーキンソン症候群）。尿失禁も伴います。感情の浮き沈みも大きくなります。些細なことで大声で笑ったり泣いたりする感情失禁が起こります。この障害のあるご本人にうかがったところ、感情失禁は自ら止めることはできないそうです。止めようとすると、自己表現自体を止めなければならず、今度は周囲の人に不愛想に思われるというジレンマがあるといいます。

症状は突然再発、進行するため、再発することを前提にかかりつけ医などと医療面の打ち合わせをしておくとよいでしょう。麻痺や構音障害、認知機能の明らかな低下が疑われた場合は、様子をみるのではなく、救急車を呼んで治療をすることで進行を防ぐことが可能です。救急隊には脳梗塞が疑われることを説明し、緊急ＭＲＩの撮像できる病院への搬送を依頼します。再発がみられる方には、24時間対応の体制がある訪問看護ステーションとの契約を提案しています。家族では判断の難しい脳卒中の救急搬送の必要性について相談することができます。

なお、血管性認知症は予防が可能な場合があります。高血圧、脂質異常症、糖尿病などの生活習慣病のリスクを持っている方も多く、これらを治療することで脳血管障害を予防し、症状の進行を抑えることができます。歩行の際は、足の上りが悪くなり、すり足歩行になりますので、段差の解消、転倒予防が重要となります。運動機能については、本人の意欲を高め、リハビリを行うことで、症状が改善することも多くあります。

動作緩慢、歩行がたどたどしい、すり足になる

飲み込みが悪くなる、しゃべりにくくなる

半身の麻痺がある

感情の起伏が激しくなる

保たれている機能と障害されている機能の差が激しい

高血圧、糖尿病、脂質異常症などの生活習慣病の長年の合併があり、治療がうまくいっていない

長期間の飲酒、喫煙歴

図表3-19●
脳血管性認知症の特徴

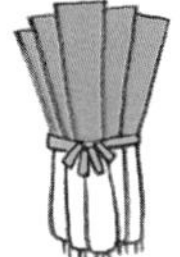

前頭側頭型認知症を理解する

前頭側頭型認知症は3つの疾患の総称です。

1つは行動障害型前頭側頭型認知症で、ピック病とも呼ばれています。他人への配慮や社会のルールを考えることができず「我が道をいく行動」を取るように見えます。この行動は前頭葉の障害により、ルールの有無に関係なく自分がやりたいことを止められなくなるために起こります(衝動性)。ですので、購入前のパンを食べてしまったり、他人の食事に手を伸ばしたりすることもあります。また他者に無関心になったり、共感や感情移入がみられなくなったりする性格変化も起こります。

次に意味性認知症があります。これは側頭葉を中心とした障害を起こし、物の意味がわからなくなったり(語義失語)、会った人の顔がわからない、同じ人に見えるような相貌認知障害とよばれる症状をひき起こします。意味性認知症の場合は、本人や介護者がしばしば〝もの忘れ〟として訴えることがあります。物自体をあたかも初めて見たような印象でお話しされます。たとえば、「鉛筆」を目の前に出してもそれが「鉛筆」だとわからず、「初めて見ました」と言ったりします。

最後に非流暢性進行性失語があります。一生懸命会話しても言い間違いが多く、話し方がゆっくりになり、聞き取りにくく、たどたどしいしゃべり方になります。

初期には3つが区別されますが、進行に伴い症状が重なっていきます。ポイントは、善悪はわかっていても自分で自分の行動が止められないということです。衝動的な行動が万引きと間違えられてしまうこともあります。周囲の人はこの特徴を知っておくことが大切です（もちろんすべての人に同じ症状が出るわけではありません）。

また、記憶は保たれていても失語症を伴うため、コミュニケーション障害により自らの主張が間違って伝わることから苛立ちを示すことも多くみられます。これらの行動障害は、脳梗塞など別の疾患でも前頭葉が障害されれば起きますし、加齢による前頭葉機能低下でも起こり得ます。こうした症状がみられる場合は、診断を受けていなくても認知症専門医の受診をお勧めします。

図表3-20●
前頭側頭型認知症の特徴

同じことを繰り返す欲求を止められない（衝動制御障害）ことに対しては、同じ作業を決まった日に、ルーチンとして行うことができる環境を整えるとよいと言われています。食べ物への過剰な執着などがある場合は、別の行為によって中断することも、ときには本人にとっても助かる場合があります。

治療可能な認知機能低下をきたす病気の代表例

一般的に認知症は薬によって進行を遅らせることはできても、治すことはできないと言われています。しかし、次にあげる病気は早期に発見することで治療が可能です。

正常圧水頭症

実行機能低下を中心とした、認知機能低下、たどたどしい歩き方の障害、排尿障害（尿漏れ）を三徴とした疾患です。症状だけでは血管性認知症との鑑別が難しいですが、ＣＴやＭＲＩなどの画像検査で特徴的な所見がみられます。

てんかん

てんかんは子どもの病気と思われがちですが、高齢者はてんかんの新規発症が多い年代です。全身けいれんを伴わないことも多く、意識障害が数日間続くこともあります。専門医の受診が必要です。

慢性硬膜下血腫

頭部打撲後、数週間から数か月して血腫が脳を圧迫することにより発症する病気です。血腫がある部分の頭蓋骨を専用のドリルで1センチほど開け、血腫を除去することで治療可能です。

内科疾患に伴う認知機能低下

第1章で肝硬変の場合に認知機能が低下することはお話しましたが、その他にも甲状腺機能の低下や腎不全の状態で、認知機能が低下することが確認されています。また、低栄養等の理由でビタミンB1やビタミンB12などのビタミンや微量元素が正常範囲を超えて低下したり、サプリメントなどの取り過ぎで認知機能が低下することがあります。病院での採血チェックが必要です。

他の疾患との鑑別が重要な症状

ここにあげる病気の鑑別は、専門医でも容易ではありません。もし対象の方にこのような症状があれば、医師にご相談ください。

うつ病・うつ症状

うつ症状は意欲が低下しているため、認知機能テストをしたときに点数が悪くなります。認知機能テストを行う前に、いかに抑うつ症状の有無を聴きだすかがポイントとなります〔症状については136ページ参照〕。

妄想

事実でないことを事実と主張していると周囲の人が感じたときに、妄想があると周囲の人が心配して、病院受診をすすめられる方が多いです。特に高齢者の場合は認知症ではないかと相談を受けます。妄想が出現する病気は他にもあります。詳しくは述べませんが、統合失調症や妄想性障害などの精神疾患で出現する場合も多くあります〔症状については136ページ参照〕。

発達障害

最後にかなり多いのがもとからある発達障害がなんらかの形で明らかになるケースです。もともと生活のしづらさを感じながら生活している方もいますし、一緒に暮らしていたパートナーと死別するなどして生活が立ちゆかなくなったところで認知症を心配して受診する方が多いです。ポイントは症状が出現した時期がいつなのか、その人の周囲の人との関係や環境に変化がなかったか確認することです。

この3つに共通することは、症状の悪化が老化を超える水準の進行性かの確認も必要となります。

服薬により認知症のような症状が現れる薬剤

人によっては複数の病院にかかっていて、多くの薬剤を併用していることがあります。ベンゾジアゼピン系薬剤には、抗不安剤や睡眠薬などがあります。眠くなる作用があるので、高齢者の場合、日中まで薬剤の作用が残ってしまい、日中の活動が阻害されたり、薬剤によっては筋弛緩作用があり、転倒につながることもあるため、認知症が疑われたら、本人とメリットとデメリットを話し合い、で

ベンゾジアゼピン系薬剤

抗コリン剤

抗てんかん薬

PL、ルルなどの総合感冒剤

消化器系薬剤
H2ブロッカー

抗アレルギー薬

抗精神病薬の過量投与

図表3-21●
注意すべき薬剤

きる限り中止します。

抗コリン剤はパーキンソン病の治療薬、先に述べたベンゾジアゼピン系薬剤、第1世代の抗アレルギー薬、頻尿、総合感冒薬などの薬剤によく含まれています。神経伝達物質であるアセチルコリンが脳内で機能できなくなるため、認知機能の低下をきたします。また、抗ヒスタミン薬としてよく使われている第二世代の抗ヒスタミン薬も眠気をきたして認知機能を低下させることが知られています。消化性潰瘍の薬剤としてよく用いられているH2ブロッカーも抗ヒスタミン作用がみられるため眠気をきたすので、注意が必要です。

高齢者の場合、薬剤を止めて2週間ぐらいで認知機能が以前の状態に戻ることがあります。長期服用している場合でも中止してみる価値はあります。ただし、ベンゾジアゼピン系薬剤などを長期に服用している場合は、すでに薬物に依存している可能性があるため容易に中止するのは難しい場合もあります。また薬剤によってはゆっくり中止する必要がある場合もありますので、必ず主治医もしくは認知症の専門医に相談して薬剤を中止または変更してください。

認知症に対する薬物療法と服薬に際しての注意点

アルツハイマー病には**図表3-22**にあげた4つの薬剤が用いられます。薬剤は人によって副作用の出方や効果がまちまちで、処方量は個人によって異なります。特に初めて処方した場合は、副作用の出方がわからないため、何かあれば医師に相談・連絡してください。

成分名	ドネペジル塩酸塩	ガランタミン臭化水素酸塩	リバスチグミン	メマンチン塩酸塩
商品名	アリセプト®等	レミニール®	イクセロンパッチ® リバスタッチ®	メマリー®
剤型	錠・口腔内崩壊錠・細粒・ゼリー・ドライシロップ	錠・口腔内崩壊錠・内用液	貼付剤	錠・口腔内崩壊錠
適応疾患	アルツハイマー型認知症・ レビー小体型認知症	アルツハイマー型認知症	アルツハイマー型認知症	アルツハイマー型認知症
容量［mg/dl］	3(1)~10	8~24	4.5~18	5~20
用法［回/日］	1	2	1	1
副作用	胃腸障害［悪心・嘔吐等］ 心臓障害［不整脈等］		貼布部位反応［発赤・掻痒感など］	めまい・頭痛・傾眠

治療量は人によって異なる場合があります。
ドネペジル塩酸塩はレビー小体型認知症にも処方することができます。
その他、抑肝散などの漢方薬が用いられることもあります。

図表3-22●
アルツハイマー型認知症に対する薬剤

コリンエステラーゼ阻害薬の効果

アセチルコリンは、記憶に関連した脳領域において重要な神経伝達物質です。アルツハイマー病の記憶障害においては、アセチルコリン活性が低下していることが証明されています。コリンエステラーゼは、体内のアセチルコリンを分解する酵素です。コリンエステラーゼ阻害薬は、この酵素を阻害することで、脳内で必要なアセチルコリンを相対的に増やすことができます[*11]。

コリンエステラーゼ阻害薬は、ドネペジル塩酸塩、ガランタミン臭化水素酸塩、リバスチグミンという3種類が認可されています。ドネペジル塩酸塩は1日1回内服、ガランタミン臭化水素酸塩は1日2回内服です。リバスチグミンは1日1回の貼付薬です。直接比較した研究はほぼないので、効果を比べることはできません。しかし、それぞれの特徴はあるものの、おおむね効果に差はないとされています[*12]。

アルツハイマー病では、薬物治療をしても生活機能の向上を実感することは少ないですが、医療機関で詳しい認知機能検査（ADAS）を定期的に行うと、機能低下の速度計測が遅くなっているか把握できます。特に早期のアルツハイマー病の方にコリンエステラーゼ阻害薬を処方した場合は、なるべく臨床心理士によるADAS-jcogという詳しい認知機能検査を半年ごとに行い、効果判定をすることをお勧めします。効果がなければ、処方量や処方内容の変更もしくは中止するなど積極的な対応にもつながります。

副作用としては、薬剤投与が身体全体のアセチルコリンを増加させてしまうことによる症状があります。具体的には食欲不振、頻尿、下痢などです。その他、脈が遅くなる徐脈が経過中に起こってくることもあるので、定期的に血圧のチェックを行うようにします。当院では内服開始により脈拍が減少傾向となり、50回／分を切るときは、減量や中止を考慮しています。また、一部の方で薬剤による賦活効果の結果として易怒性（怒りっぽくなる）が上がることがあります。その場合も、減量・中止または薬剤の変更などを考慮しています。

なお、80歳以上の高齢者においては、アルツハイマー病以外で記憶障害をきたす疾患が多くみつかっており、十分な効果が期待できない可能性があることをお伝えした上で、本人に治療を選択していただいています。

ドネペジル塩酸塩はレビー小体型認知症にも処方可能

コリンエステラーゼ阻害薬のうち、ドネペジル塩酸塩のみレビー小体型認知症にも処方することができます。なお、レビー小体型認知症では脳内のアセチルコリン活性がアルツハイマー病よりも低下していることが判明しています[*13]。コリンエステラーゼ阻害薬の投与により、脳内のアセチルコリン活性が保たれると、幻視の出現が減ったり、日中の活動がしやすくなったりします。

---

*11 Okamura N, et al. Br J Clin Pharmacol, 2008
*12 Hansen RA, et al. Clin Interv Aging, 2008
*13 Shimada H, et al. Neurology, 2009

その他、てんかんやパーキンソン病の治療薬であるゾニサミド(トレリーフ®)もレビー小体型認知症の運動機能障害に用いられます。

メマンチン塩酸塩は気持ちの高ぶりを押さえる――高齢者では容量に注意

メマンチン塩酸塩はグルタミン酸受容体阻害薬で、他の3つの薬と成分が異なります。そのため、併用することが可能です。効能は脳内の神経伝達物質の調整機能により、興奮やイライラなどを減らす効果があるとされます[*14]。ドネペジル塩酸塩に追加することにより興奮やイライラなどが減少するという報告もありますが[*15]、単独と大きな差はないという報告もあり、はっきりしていません[*16]。

メマンチン塩酸塩の副作用には傾眠、ふらつきなどがあります。逆に易怒性が高まることがまれにあるといわれています。その場合には、減量あるいは中止します。一般的に、高齢になるほど腎機能が低下します。通常使用していても経過年数によっては減量が必要となる場合がありますし、脱水や薬剤投与、尿路感染症をはじめとした腎泌尿器科系の病気にかかることにより、高齢者は容易に腎機能が悪化しますので、定期的に採血を行う必要があります。

服薬に際しての注意点

治療法については、本人と相談しながら決めていきます。なぜなら、本人が納得していない状況で内服をしても、継続できないばかりか、信頼関係が損なわれるからです。家族が内服を希望し、本人が治療を選択しない場合もありますが、その場合もできる限り納得していただいた上で続けています。

薬を処方する場合は、実際に内服できるかどうかを詳しく確認します。忘れずに内服することが難しい場合は、薬局に相談したり、訪問看護師による指導を受けて、お薬カレンダーを設置します。どの程度内服できているかは、診察日に自宅に残っているお薬を持ってきてもらい確認します。

抗精神病薬を内服する際の注意点

抗精神病薬は、統合失調症という精神疾患に用いられる薬剤です。認知症の行動心理症状（BPSD）といわれる症状に対してクロルプロマジン、ハロペリドール、リスペリドン、ペロスピロン、クエチアピン、オランザピン、ブレクスピプラゾールなどが処方されることがあります。

まずお伝えしたいのは、抗精神病薬による治療は、統合失調症（一部躁うつ病）に対してのみ保険適用があります。抗精神病薬が認知症の症状を改善するという証拠はありません。つまり国として認められた治療ではないのです。抗精神病薬による治療は転倒や骨折、誤嚥性肺炎のリスクが高くなる上、アルツハイマー型認知症の人に対して使用した場合、死亡するリスクが上昇することがわかっています。アルツハイマー型認知症の人では、抗精神病薬を内服することによる利益とリスクが相殺される

＊14 Gauthier S et al:Int J Geriatr Psychiatry, 2008
＊15 Cummings JL et al. Neurology, 2006
＊16 Howard R, et al. N Engl J Med 2012

（飲んでも意味がない）とまで書かれています[*17]。

一般的にどういう方に処方されているかというと、家族や周囲の人が本人の易怒性や暴力・暴言に対して、なんらかの処方を希望される場合に投与されています。しかし、よくよくお話をうかがうと、それらの原因は本人ではなく、周囲の人のかかわり方に問題がある場合があります。相談の場に、周囲の人が本人のことを「困った人」のような視点を持って相談に来られた場合は、注意が必要です。まず、誰の問題かしっかり聴き取る必要があります。もし問題が他責化されている場合は、本人がよくない状態になる原因を真摯に見つけることが近道となります。これまでお話したように、本人視点のかかわりにより改善がみられるケースが多くあります。

高齢になってから出現する妄想が主症状となる妄想性障害においても、抗精神病薬がよく処方されます。しかし薬剤治療が妄想に効果があるというエビデンスは乏しいのが実情です[*18]。

なお、抗精神病薬は副作用も多く出現します。眠気、ふらつき、ぼーっとしている、歩行障害、飲み込みが悪くなる、しゃべりにくい、動きがゆっくりになる、食欲不振などがあります。繰り返しになりますが、肺炎や転倒骨折のリスクにもなりますので、内服し始めたらこのような副作用の出現に注意を払ってください。不安なときは認知症の専門医の受診をお勧めします。

日頃の本人の症状、体調を確認する

これまでは認知症の症状や原因疾患、薬物療法についてお話してきましたが、認知症以外の病気があれば、その症状や日頃の体調管理も重要になっていきます。体調不良は行動心理症状（BPSD）になって出現することもありますので、常日頃からよく観察し、小さな変化もキャッチできるようにすることが大切です。特に便秘、食事、浮腫（むくみ）、脱水、排尿に関する障害、睡眠、疼痛の状態は、本人の心理的な安定性に大きく影響するため極めて重要です。それぞれの観察ポイントをあげておきます。

便秘

高齢者は、認知症に限らず、便秘がちであっても気づいていない人が多くいます。日による気分の変動が大きい場合は、特に排便のスムーズさを確認するとよいでしょう。薬剤による治療も行いますが、食物繊維を多く含む食品（寒天ゼリーなど）をとることを心がけたり、食事内容や水分摂取量の確認も大切です。口腔内や腋下（えきか）の乾燥や、皮膚の艶（つや）なども意識して観察します。

体重の増減

周囲の人が気付かないうちに食事量が減少していたり、偏食が起こっていることがあります。服

*17 Livingston, Gill, et al. "Dementia prevention, intervention, and care." The Lancet 390.10113(2017): 2673-2734.

*18 Skelton, Mike, et al. "Treatments for delusional disorder." Cochrane Database of Systematic Reviews 5(2015).

薬している薬剤、歯牙および入れ歯を含めた口腔内の違和感や痛み、脱水、失行や失認などが原因となり、食事がとれなくなり、体重が減ることもあります。逆に過食や偏食により体重が増加することもあります。

また、抗精神病薬のオランザピンやクエチアピン、リスペリドン、ハロペリドール、クロルプロマジン、スルピリド、アミトリプチリンなどの三環系抗うつ薬、炭酸リチウムなどの薬剤は体重増加をきたします。いずれも認知症の方に処方されている場合がある薬剤ですので注意が必要です。

浮腫(むくみ)

もう1つ体重増加で注意が必要なのは浮腫(むくみ)です。特に高齢者では心機能が低下していることも多く、心不全の症状として表れている表れている可能性があります。

また、車いすを使っている方では下肢に深部静脈血栓症を引き起こすことがあります。ポイントは下腿浮腫の左右差が見られることが多いことと、下腿の背側や膝窩(膝の裏)を触ると痛がることがあります。気になるときには採血検査を行い、場合によっては循環器科に紹介することもあります。

脱水

脱水も高齢者に多くみられ、認知機能の悪化をきたす要素です。口腔内の乾燥を見ること、ツルゴールと呼ばれる皮膚の乾燥状態、わきの下の乾燥を調べることも有用と言われています。濃縮尿でわかることもあります。

排尿障害

高齢者全般に大変多く、認知症の本人による訴えが多い症状です。なぜなら大脳の障害も排尿に関係しているからです。排尿で認知症の人が困っているかなと思ったら、まずは尿路に病気がある前立腺肥大症、尿道狭窄、子宮脱などがないか、下部尿路感染症がないか泌尿器科で診てもらいます。血尿や尿路感染症が疑われる場合は原因疾患の治療が必要です。

泌尿器科で異常がないといわれたのに、尿をためる畜尿機能や排尿機能に障害がある場合は、脳や脊髄、自律神経などの障害で起こる神経因性膀胱と判断されます。神経因性膀胱の場合、内服や自己導尿、膀胱留置カテーテルなどでの処置が必要となります。

急に起こる、抑えられないような強い尿意で、我慢することが困難な症状を過活動膀胱といいます。過活動膀胱は脳の障害でも起きます。トイレまで我慢できないで尿が漏れる症状を切迫性尿失禁と言い、過活動膀胱の人の約半数にみられます。過活動膀胱と記憶障害が併存すると、昼夜問わずただひたすらトイレを目指すことになります。なお、過活動膀胱は本人の不安な気持ちの表れで起こることもあります。

睡眠

睡眠の障害は体調の影響を大きく受けます。さらに、高齢になると睡眠が浅くなり、睡眠サイクルに合わせて目が覚めてしまうことがあります。70歳を過ぎると必要な睡眠時間は6時間弱です。しかし、日本の65歳以上の人は、平均で9時間も寝床にいると言われています。不眠のある方には、まず睡眠サイクルを記録してもらいます。夜間不眠といっても1日おきのこともあります。多くの場合1週間のトータルで考えると睡眠時間は大体足りています。

睡眠薬は高齢者や認知症のある方には原則としてはお勧めしていません。睡眠薬として使われる抗不安薬は、日中に効果が残ってしまうことで認知機能の低下をきたすこともありますし、夜間移動時の転倒を助長するからです。それでも中途覚醒が心配な方には、非ベンゾジアゼピン系のエスゾピクロン（ルネスタ）やメラトニン受容体作動薬のラメルテオン（ロゼレム）、オレキシン受容体拮抗薬のスポレキサント（ベルソムラ）などを使います。

疼痛

疼痛（とうつう）についてもきちんとアセスメントして適切にかかわることが重要です。移動したときや物をつかむときなど、体動があるときに痛みがあるような動きがみられることがあります。普段から既往症や特定部位の痛みなどについての知識を持っておくと、原因を早期に突き止めることが可能です。歩かなくなった、ご飯を食べなくなったと思って受診したら、腰椎の圧迫骨折や尿路結石などによる痛みが原因だったということもあります。

認知症のある方で、がん性疼痛があたかも少ないようにみえることもありますが、痛みがある可能性を考えて、きちんとアセスメントを行ってかかわることが、日常生活の安定につながります。

その他の疾患

既往症や併存症に肝機能障害や腎機能障害、甲状腺機能低下症などの内科疾患、脳梗塞や脳挫傷が含まれている場合がありますので、それぞれの状態を確認します。

この節では、認知症の正しい情報が関係者で共有されるように、相談業務や家族が知っておくとよい一通りの症状と主な疾患についていつまんで説明をしました。認知症を発症する前になかった行動や症状も、理由がわかれば不安が少なくなると思います。

この章のまとめ

この章では、認知症のある人とのかかわりで大切な3つの要素についてお伝えしてきました。医療の範疇(はんちゅう)とそうでないところがあることはご理解いただけましたでしょうか？　医療のことは科学的根拠を持って本人の考え方を尊重しながらかかわっていく必要があります。しかしそのアセスメント1つとっても、医師だけが行うことではありません。普段の生活や周囲の人との関係性も含めて本人のことを知ってかかわることが本人の意思決定支援につながります。その背景には私たち自身が持つ偏見などにも目を向けていく必要があります。

認知症と診断されたとき、その人の周囲の人が自分と同じ人権のある人としてかかわり続ける地域を創り出すのは、ほかならぬ私たちであると考えています。

中川経子さんに聞く

認知症と診断された人の家族は、本人とともに大きなショックを受けています。中川経子さんは長年にわたり認知症と診断されたご主人に寄り添っておられました。ご主人が要介護度5になるまで在宅療養を続け、その後入所してからも時々自宅への一時帰宅をするなど、愛をこめてかかわってこられた中川さんに、パートナーの認知症との向き合い方についてうかがいました。

石原●パートナーが認知症と診断されたとき、どう受け止めたらよいのでしょうか?

中川●本人も介護する家族も動揺、困惑することは、認知症に対する社会一般の認識や理解が昨今の程度では当然のことだと思います。しかし、認知症と診断された人が家族にいることは決して恥ずかしいことではないという意識を持ち、誰でもこの病気になる可能性があると認識することが大事で、自分のところだけが特別大変だと思わないことがよいと思います。

認知症になって、言動に抑制がきかなくなった分、〝自由に〟なった本人と付き合っていると、私も含む世間がいう〝恥ずかしい/困った言動〟にも理由があることがわかってきました。いわゆる〝性的ないやらしい行動〟とみなされる類のものでも、本人の思想というか気持ちに乗ってみると、誰かとスキンシップをとりたいな、コミュニケーションをとりたいな、という誰でも思うことを〝自由〟に表現しているだけだという発見にもいたりました。本人の発想や、現実をあくまでも追求することが大切ではないかと思います。

石原●ご家族のなかには、パートナーに一生懸命かかわっても、感謝してくれなかったり、報われないと、つらく感じる方もいます。

写真3-5●
中川経子さん（ドーン・ブルッカー先生とともに）

中川●つらいという気持ちは本当に共感できます。たとえば私から主人に施設利用をお願いしたときのことです。「私とあなたと2人だけでいる時間帯（夜中）の介護を私だけでするのは難しくなってきたの。このままだと、2人で一緒に一巻の終わりになっちゃう。だから施設を利用して欲しいの」と説明すると、「え？　介護？　あんたが俺を介護！　俺はなんでも独りでできているじゃないか」と、何度も言われました。要介護度5の本人が本当にそう思っているということに私が気づくまでにはずいぶん長い時間かかりました。認知症のある人が何かを自分でやれていると感じられることはすばらしいことなのです。こうした本人の主張は、私の〝卓越した〟サポートの質に対する勲章かもと思いました。

ただ、パートナーの人生も介護家族の人生も等しく大切であることを認め、それを忘れないで欲しいです。また、つらいときは、〝つらいよー〟と叫んだほうがいい。心にかけてくれている人たちが必ずいて、助けてくれます。

石原●身体の障害が重くなったり、生活するのが難しくなったときはどうすればよいのでしょうか？

中川●決して忘れてならないのは、どうすればよいのか、どうしたいのかを決める権利は本人にあるということです。特にどのように人生を終えたいのかについては、本人が元気なうちに、自分の意思を明確に書いてもらうようにすると、言葉で伝えられなくなったときに、家族が代弁者として本人の人権を擁護、主張できます。こうするためには、医師との押し問答や、私自身の思いとは別な言動をとらなければなりませんでした。

　また、本人が完全に納得しないのに、施設に行かなければならないような場合でも、その場しのぎにだまし、あざむくようなことは、絶対にしないで欲しいです。私も、何回も心を痛めながらウソをついたことがありますが、本人は明らかに見破っていました。本人にとってはあなたが信頼できるたった1人の人なのに、もう誰も信頼できないという気持ちになったらどんなに悲しいでしょう。

　いろいろなことを申しましたが、最初からこんな考えにいたったわけではありません。

石原●貴重な体験をお話しいただき、ありがとうございました。

第4章 認知症のある人とのよりよいかかわりの実践事例

第3章では、認知症のある人とかかわりで大切な要素として、次のことをお伝えしました。

私たちと同じ「人権」のある人として接する［第1節］

水平（対等）な人間関係を作る［第2節］

認知症についての適切な知識や情報を得る［第3節］

この章では、スコットランドのリンクワーカー制度なども紹介しながら、実際にこの3つをどのように実践し、かかわっていくかについてお話します。

1 本人同士・家族同士の出会いの場を作る

認知症に1人で向き合わない

Nobody faces dementia alone.

この標語は、スコットランド・アルツハイマー病協会の認知症啓発活動における2017年のスローガンでした。他の国でも日本と同様に認知症に対して1人で向き合っている方が多いということです。実際、日本でも診断にたどり着くまでに何年もかかる方がいます。1人、または家族で心配をしながらも言い出せない人もいます。病院を受診しても、診断や治療のみで診断後の生活に不安を抱えたままの人もいます。周囲の人に診断名を隠してひっそりと生活している人も少なくありません。

なぜ、認知症を隠そうとしてしまうのか

認知症に1人で向き合ったり、孤立しがちであるのにはいくつかの要因があります。たとえば脳の機能障害により自らの状態を他者に伝えることが難しくなると、自尊心が保てなくなるばかりか、本人や家族が周囲の人に悪く思われたり、自分の家で暮らしていけなくなることを心配して、近所との交流を絶ってしまうことさえあります。

片倉文夫さんはレビー小体型認知症と診断された当初、「認知症になって恥ずかしい、情けないという気持ちがあった」と回想しています。「私は、妻が認知症になったので、妻のためにも自分は認知症にならないように、計算したり、運動したり、周囲の人との交流を一生懸命やりました。だから、自分が認知症と診断されたときには、とても落ち込んだし、情けない気持ちになりました」と講演で述べています。

本人や家族のなかには、周囲の人から排除されないように認知症になったことを悟られまいとして、誰にも言わず、生活が徐々に破綻に向かう方もいます。そうすると、仮に周囲の人が気づいても、声をかけにくいという悪循環が生まれ、その人を遠巻きに見守るような状況ができていきます。そのうちに本人と家族の関係が悪化したり、疲れ果て、最悪の場合は虐待に近い状態になることもあります。

しかし片倉さんは「自分が認知症に対する嫌悪感を減らせたのは、認知症を予防できなかったのは自分のせいではないと知れたことだ」と回想しました。私は、この納得を得るためには、当事者の出会いの場を持つことが重要と考えます。そこでこの節では、出会いの場について紹介します。

先に認知症になった経験者の体験や工夫を聴く

経験専門家から学ぶ

先に認知症になった経験者から本人や家族、専門職が学ぶことは、どこでもできるとても大切な機会です。しかし、多くの人はその効果をまだ知りません。

本人の意見を聴くというのは、新たな視点を得ることだと思います。丹野智文さんは、著書で「先に認知症と診断された人と出会い、みんなにやさしく接する姿を見たり聞いたりしているうちに、私もこのように元気になって、他の人に勇気を与える人になりたいと思ったことが、その後の私が歩く道を決定づけました。」〔前出『丹野智文 笑顔で生きる』〕と書いています。

そして、認知症の本人同士が出会うことの重要性について「皆さんと一緒に過ごしてみてわかったことは、本人同士が支え合っていること、そして介護者とご本人が寄り添ってとても明るく行動していることです。」〔同〕と述べています。

英語にはExpert by Experience（経験専門家）という言葉があります。多くの当事者が、認知症のある人や家族が経験者から話を聴くということは、診断直後の不安な時期を乗り越えるために大きな助けとなると言っています。本人の経験は、認知症の診断やその後の生活への不安に対して、いくばくかの道筋をみせてくれるものです。

おれんじドアの誕生

こうして本人同士が出会い、元気を与え合うことの重要性に気が付いた丹野さんが、いずみの杜診療所の山崎英樹先生らと相談して立案したのが「おれんじドア」です。私も所属する「宮城の認知症をともに考える会」のメンバーが実行委員となって始めました。ここでは、診断前後の不安な時期にご本人同士が出会い、笑顔で前向きな気持ちになるような場所を目指して活動しています。

「おれんじドア」に参加した認知症のある人や家族は、まず会場の中心にあるテーブルに集まり、お茶とお茶菓子を楽しみます。今日はどこから誰と来た、どこで「おれんじドア」を知ったかなど、自然に話をします。それから、ご本人の話を聞きます。診断される前の不安、診断されたときの気持ち、他の当事者との出会いと自らの気持ちの変化、今の気持ち、これからやりたいことなど、先に認知症と診断された経験者としてのノウハウがたくさん詰まったお話です。

その後、認知症のある人は本人同士で話をします。そこでは病名を聞きません。困っていることも聞きません。アンケートも取りません。カメラによる取材もお断りしています。あくまで、本人が前向きになることを目標にして、「何がしたい？　どんな工夫をして生活している？」という話をしていきます。ときには自らの病気を本人同士で話したりすることもありますが、話さなくてもかまいません。

一方、一緒に来られた家族は、他のご家族や専門職と話します。こちらも来られた方が話したいことを話せる場づくりを行っています。特に形などにこだわってはいません。それでも、本人からの体験談を聴いた後、多くの方が不安や絶望の気持ちに変化が表れるといいます。

1時間弱それぞれに話し合いを行った後、1人ひとり感想を聴きます。そのときに、これからやりたいことが本人から出てきたら、それを実現する方法を考えます。実際に、本人の希望から山登りや釣りなどの本人がやりたいことを実現するイベントが行われたこともあります。「おれんじドア」で本人同士が話すことは、認知症と診断されてから、本人が認知症から離れて話すことができる貴重な機会なのかもしれません。久しぶりに笑顔になった当事者を見て驚くご家族もいます。この短い時間

写真4-1●
おれんじドアの様子

で、次に会った時に関係性がよくなっていることもしばしばです。

さまざまな語りの場

仙台市の本人同士の出会いの場は「おれんじドア」だけではありません。たとえば、いずみの杜診療所では、定期的に本人同士で語り合う場があります。ここでは認知症のことはほとんど話題にならないそうです。

星照子さんは、いずみの杜診療所で月に2回、同じく診察に訪れた方とのおしゃべりを楽しんでいます。「ミーティングのときに話すことは別に難しいことではなく、今日は誰と来たのとか、朝は何を食べたのなど、途中からでも話に入ることができるような会話です。皆さん認知症と診断されていますが、別に普通の人だと言います。自分も忘れますが、忘れることは誰にでもあると思うので、気にしていません。でも認知症と診断されているので、忘れることは病気だとは思っています。さまざまな職業、さまざまな年代の方がいらっしゃいます。最初は黙って聞いている人も、話を振られるとみんなしゃべります。そしてしゃべると明るい顔になって帰っていきます。楽しいです。」

その他にも、認知症の診断前後の不安な時期に、運転免許を返納した人からその経験を聴くことのできる「運転免許の集い」も行われています。ここでは、返納した後のメリットとデメリットをきちんと伝えています。この集いに1～2回参加して、自分から運転をやめるとおっしゃる方はほとんどいませんが、3～4回目には自分からやめると決めるそうです。家族から無理やり返納させられた人は心に傷が残り、その後「奪われた」と言うようになってしまいます。一方、本人同士で話をして、自分で決めた人は、その後も自己決定したことを誇りに思うような発言をされます。

仙台市では、若年性認知症の方に対しては、若年性認知症の集い「翼」が活動しています。合唱やスポーツを通して本人同士、家族同士で交流をしています。また講演会を通して地域住民への理解向上に努めています。

私が働くみはるの杜診療所でも、介護職員であり若年性認知症のご本人でもある鈴木理さんが中心となって「おれんじドアinわっカフェ」を開催しています。前を向いて一歩を踏み出す本人同士の出会いの場として、月に1回開催しています。

また、片倉文夫さん［149ページ］はみはるの杜診療所で、本人同士1対1でレビー小体型認知症について語り合う機会を作っています。片倉さんは、現役時代に営業や管理職として活躍されたときの卓越した対人関係能力を活かしながら、主に自らが体験した蛇の幻覚や家の間取りが毎日変わるような不思議な体験を共有してくださいます。そして、診断されたご本人に対して「どうぞ自分を責めたりしないでください。認知症になることは自分が悪いことをしたからではありません。恥ずかしいと思うことはない。認知症の本人同士で話すことは、この体験をしているのは1人ではないと思える貴重な体験です」と伝えています。

片倉さんは、本人の話をよく聞いてくださいます。同じレビー小体型認知症と診断されて治療中の人は、このように述べています。「片倉さんが自分の体験を伝えてくださったことで、この病気にかかったのが自分1人じゃないんだとわかり、私も自分の体験を話すことができました。片倉さんの体験談は説得力があり、不安が取れました。私は自分が病気になったことで自分を責めていました。しかし、自分が悪いことをしたわけではないことがわかりました」と安堵の声を伝えてくれています。まさに経験者として「認知症と診断された本人だからこそできること」をされています。

書籍やケアパスの活用

もし、出会える本人がなかなかいない場合や、認知症の本人の気持ちを理解したいということでしたら、本人が書いた著書を参考になさるとよいと思います。

仙台市では、認知症の本人と専門職が参画して認知症ケアパスと個人版認知症ケアパスを作成しました[*1]。特に個人版は診断直後の不安な時期に、先に認知症となった経験専門家の体験を学べる大変素晴らしい教材になっています。私はこれをお渡ししながら、認知症になっても症状と付き合いなが

認知症のある人の著書

ら笑顔で生活している認知症の本人を紹介しています。

本人の味方をみつけ、かかわりを増やす

私が常に意識しているのは、本人の味方を増やすことです。認知症になったことで困った人扱いされ、病院に連れて来られる方は多くいらっしゃいます。そういう場合、本人の味方はほとんどいない状況になっています。そういう状況では、本人は人のなかにいても孤立していますし、自尊心や自己肯定感も低下しています。本人がそういう心理状態では、他者との交流は生まれません。

手っ取り早いのは、皆さんが本人の味方になることです。そして、周囲の人がその人の問題と思っていることに取り組むのではなく、本人の味方になって、これまでのライフストーリーを聴いたり、一緒にできることを見出すことだと思います。こういった地道な取り組みが、本人の孤立している気持ちを緩め、地域で生活できる活力になると思います。

ときには、多職種のかかわりも必要です。たとえば、外出が難しい方には、訪問してもらえる作業療法士や看護師を依頼して、本人の味方になって、外出ができるように工夫してもらうことが可能だと思います。また、食事摂取量の低下などがみられるときは、訪問管理栄養士に依頼して、自宅でで

＊1
〝仙台市 認知症ケアパス〟で検索してください。以下からダウンロード可能です。
http://www.city.sendai.jp/kaigo-suishin/kurashi/kenkotofukushi/korenokata/ninchisho/shiryo/carepasu.html

きる工夫などをアドバイスしてもらうとよいでしょう。

家族同士の交流には専門職がファシリテーターとして参加

家族同士の交流も大変重要です。介護の仕方や秘訣、お互いの経験を語り合うことにより、気持ちが楽になったという声を聞きます。

本人同士、家族同士で語り合うピアサポートの場は、全国に広がりつつあります。こうした場を見つけるには、お住まいの地域の「認知症の人と家族の会」*2の支部に相談するとよいでしょう。

なお、家族同士の交流のなかには、専門職のファシリテーターがいる方がよいと思います。なぜなら、より専門的な相談事項が出てくることもありますし、家族同士の話し合いでは情緒的なサポートが必要な場合も多くあるからです。

私はバリスタ

私の診療所で行っている家族・本人の交流会では、私の役割はバリスタです。自家焙煎したコーヒー豆でコーヒーを淹れています。認知症が発症してから長く在宅生活をおくっている方と診断直後の本人・家族が出会い、コーヒーを飲みながら気楽に話すことができるような場を提供しています。

診療所で行うため、医療面での相談も多くあります。医療関係者が相談に乗れる体制は作っていますが、講義や指導はなく、あくまでオープンな場で家族同士が出会える場を提供するイメージしています。

なお、この会の開催時には、隣のフロアで認知症のある人はパラリンピック競技に採用されているボッチャを行っています。ボッチャや会話、コーヒーを楽しみにしている人も多く参加しています。ボッチャに家族が加わったり、途中から交流会に参加する本人もいます。このごちゃまぜ感がこの会の特徴です。

私は場が大事だと思っているので、今のところ名前を付ける予定もありません。何かにとらわれることなく、ただ本人と家族が交流や気づきを深める場として継続できればと思っています。

専門職にも仲間が必要
認知症初期集中支援チームの活用

本人や家族だけではなく、実は専門職にも仲間が必要です。

私はよく、地域包括支援センターで対応困難といわれる認知症の方の相談を受けています。多くは診断がついておらず、認知症やその他の原因により生活が立ちゆかなくなっていて、周囲に本人の味方がいないという状態です。高齢者の総合相談のプロフェッショナルである地域包括支援センターで

*2
公益社団法人認知症の人と家族の会
電話相談●
本部フリーダイヤル0120-294-456(無料)
携帯電話・スマートフォンからは050-5358-6578(有料)
土・日・祝日を除く毎日、午前10時～午後3時

もアプローチが困難な場合は、センター内で考えるだけでなく、認知症初期集中支援チームに相談できる仕組みがあります。認知症初期集中支援チームとは、「複数の専門職が、認知症が疑われる人や認知症のある人およびその家族を訪問して、自立した生活のサポートを行うチーム」です。

認知症初期集中支援チームにおける訪問の実際

まず、対象者の訪問においては、本人との関係性をいかに築くかに注目していきます。すでになじみのある地域包括支援センターの職員などと一緒にうかがいますが、記憶障害があり、センターの方がアプローチできない場合もあります。

主な目的は専門職によるアセスメントですが、まずは礼節を保ち、市から様子をうかがいに来たこと、健康状態を確かめに来たことを説明します。きちんと説明をすれば、訪問に同意されないことはほとんどありません。挨拶をして、ひとしきりこの地域のことやいつ頃引越してこられたなどの来歴をうかがいます。その後、健康や生活面での不安がないか、かかりつけ医はいるのか、持病の状態はどうか、家族や周囲の人との関係性などについて聴きます。血圧や体重測定を行ったり、長谷川式認知症スケールなどを含めた認知機能検査を行います。

1時間程度を限度に、長時間にならないように注意しながらお話しします。そして、再度訪問してよいか確認してから退出します。大半は2回目以降の訪問で、共助を中心としながらも公助の意向をうかがいます。介護保険制度の利用について説明をさせていただくこともあります。かかりつけ医がいない場合は、チーム員の医師が訪問し、主治医意見書の作成を行うこともあります。

2 本人が主体的に参加するための関係性の育み方

本人抜きで本人の話をしない

サービス利用の説明も本人と話をする

Nothing about us without us.

私たちは、本人抜きで本人の話をしないことを常に意識しています。前述の片倉さんは、私たちが認知症のある人とかかわる心構えを教えてくれました。

「私たちが欲していることとの間に隔たりを感じることがある。講演をすると、第一線で働いている専門家たちが、『初めて聞いた』『感動した』とか、『もっと聞きたかった』『他の人にも聞かせたい』と感想をくれる。しかし、専門家が認知症のある人の体験を知らずに相談業務を引き受けているのかと、とても驚いた。これは認知症の本質を知らないのと同じです。靴の上から足をかいているようなものだ。これからも講演会などを通して、自分の体験を語っていきたい。」

認知症の本人や家族には、診断前後で新たな出会いがあります。医療機関では医師や看護師と出会い治療やケアについて説明を受け、生活面ではソーシャルワーカーからアドバイスをもらうことになります。地域包括支援センターでは職員から介護保険の申請の仕方や、認知症カフェや家族会などの地域の取り組みを教えてもらい、参加することもあるでしょう。

このやり取りを本人抜きで進めてしまっていることがあります。認知症と診断された本人が公的なサービスの説明などを一度も受けていないことが多いのです。本人に会わず、家族の相談によってのみ開始されるサービス利用は、ここから始まっています。

専門職でも、家族の切実な訴えを聴くと、家族をなんとかしてあげたい、救ってあげたいと心動かされることがあります。ただ、認知症のある人のためのかかわりを目指すためには、家族の心情を理解しながらも、家族がそうした考えにいたった背景を探ることが大切です。

- 家族は専門職に何をして欲しいと思っているのか？
- それはなぜなのか？
- 誰のためか？

こうしたことを1つひとつ確認していきます。

家族から認知症の相談を受けた専門職の方は、ぜひ家族だけと話をするのではなく、本人と会っていただきたいと思います。本人と会うことは、本人の未来にとって、とても重要です。私も自ら認知症初期集中支援チームで本人の生活の場を見ることで、ずいぶんと状況がわかるようになりました。もし本人に会えなかったり、病院受診が困難であれば、先送りにせず、地域包括支援センターや認知症初期集中支援チームに相談するとよいと思います。

本人が参画するケアカンファレンスの重要性

図表4-1をご覧ください。①以前は家族が医療機関や福祉機関の仲介役をしながら介護をしてきました。②2000年に介護保険制度が始まり、ケアマネジャーがケースを担当することになり、多職種連携の重要性が叫ばれるようになったころから続くサービスの決定の方法です。医療と福祉、家族が話し合って、本人へのサービスを決めています。長年こういった連携が進められてきましたが、実際うまくいきませんでした。

なぜ②でもいけないのか？　その理由は、本人の意向が入っていないからです。すんなりとサービス提供に結び付くことは多くありません。実際のところは、家族や専門職が決めたサービスを使うように本人を説得して、本人が仕方ないと屈服する形で利用することも少なくないからなのです。

本人の意向を確認するためには、③のようなすべての人が参画するケアカンファレンスが求められ

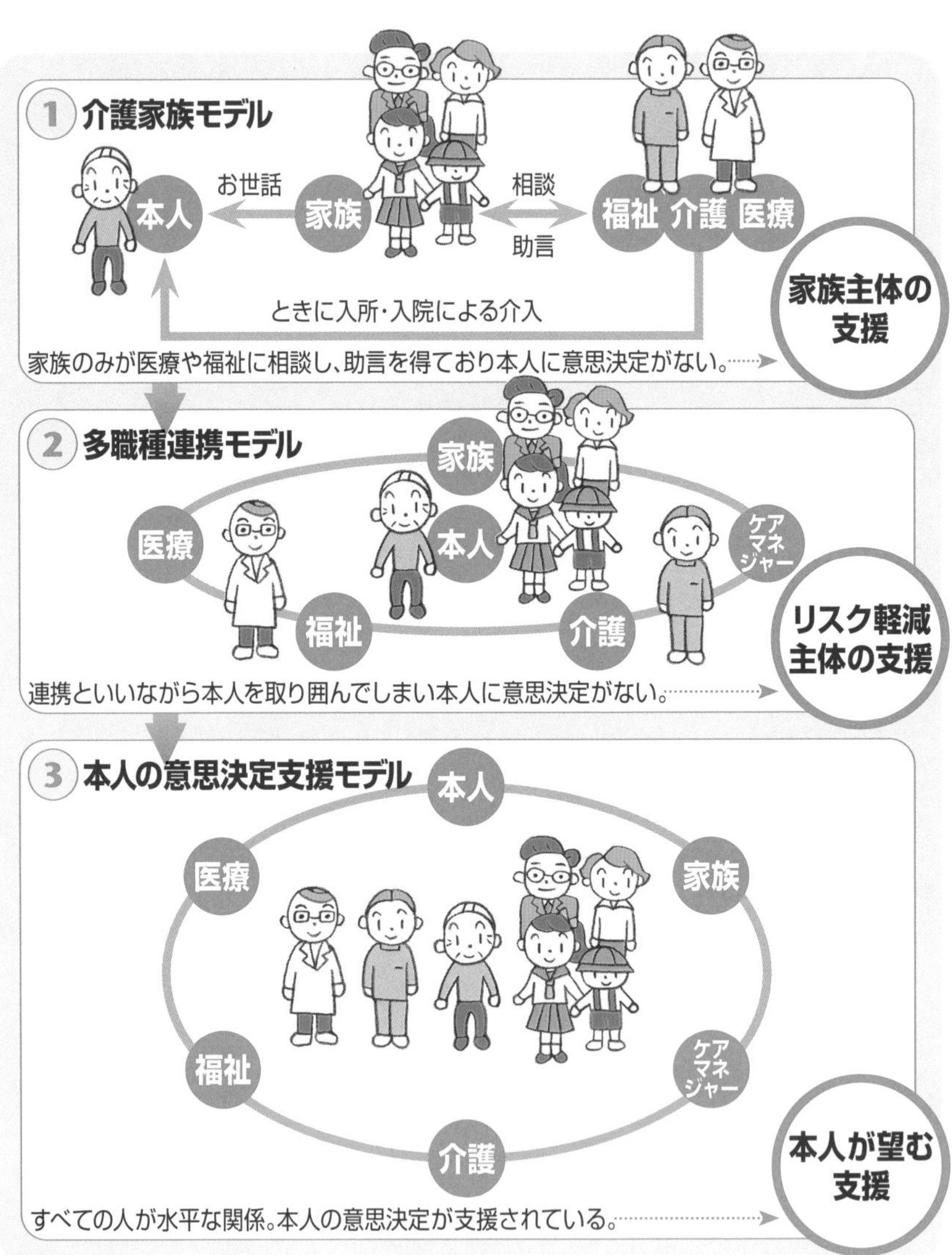
1 介護家族モデル
本人
お世話
家族
相談
助言
福祉
介護
医療
ときに入所・入院による介入
家族主体の支援
家族のみが医療や福祉に相談し、助言を得ており本人に意思決定がない。
2 多職種連携モデル
家族
医療
本人
ケアマネジャー
福祉
介護
リスク軽減主体の支援
連携といいながら本人を取り囲んでしまい本人に意思決定がない。
3 本人の意思決定支援モデル
本人
医療
家族
福祉
ケアマネジャー
介護
本人が望む支援
すべての人が水平な関係。本人の意思決定が支援されている。

図表4-1●
連携の変遷

ます。

たとえば、こういう事例があります。Bさんは70代の女性です。もともと疑り深い性格の方でしたが、ここ5年ほど外に男の人が立っているという幻視や、誰かがものを盗むといったものとられ妄想が出現してきました。そこで、母親を何とかしてあげたい一心で、娘さんが地域包括支援センターに相談し、介護保険の申請を行いました。本人は明らかに迷惑そうだったとのことです。それでも、娘さんは母親に診察を受けてもらい、ケアマネジャーを決め、訪問リハビリの契約も行いました。つまり①の家族が専門職を仲介するパターンをしていました。

しかし、そうやって家に出入りする人が増えるにつれて、母親は娘さんが外の男に操られているという妄想を抱くようになってしまいました。娘さんが仲間とつるんでBさんをだまして家を乗っ取ろうとしているというのです。

この背景には、娘さんがケアマネジャーや訪問リハビリの担当者と話しているのを何度も盗み見てしまったことがあります。このように、娘さんが母親によかれと思って契約したサービスは「悪だくみ」だと認識されてしまい、大幅に見直す必要性に迫られました。

このような事例は決して少なくありません。家族に対する慰労の言葉はもちろん大切です。しかし、専門職は家族の代弁者でもないし、本人の意思決定者でもありません。本人と家族との関係性には、極めて慎重に取り組む必要があります。

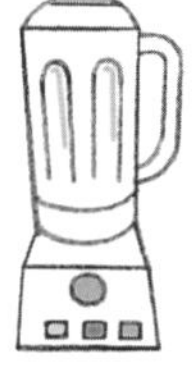

「介護負担」という言葉の重み

「介護負担軽減のためのサービス利用」という言葉があります。レスパイトとも呼ばれています。家族の休憩という意味合いが強いですが、それを本人の前で言う専門職も少なからずいます。そもそも「介護負担」という言葉は、本人にどのように響いているか考える必要があるのではないでしょうか。

「迷惑をかけるくらいなら死んだほうがいい」

ふり絞るようにこう言った認知症のある人の悔しそうな顔を、私は忘れることができません。私たちのかかわりは、家族に共感はしても、家族の困り事を解決することが目的ではなく、本人の状態の改善を目指すことにあります。常にこの基本を忘れないようにしたいです。

本人が話し合いに参加する際の3つの注意事項

かつて私も、本人のことを家族やかかわっているケアマネジャーに聞きながら、話を進めていたことがあります。しかし現在では、本人抜きに本人の話をすることは極力避けるようにしています。知らず知らずのうちに本人と対立関係を生み出してしまうからです。本人が主人公となった診療を継続するうえで大切に思うことを3つ挙げます。

本人と家族、周囲の人の立ち位置を把握する

まず、認知症と診断された本人とその家族、ケアマネジャー、医師はそれぞれ立ち位置が異なります。本人に、誰が、どの程度かかわっているか、誰に決定権があるかを何気なく確認します。本人に深くかかわっている人が話し合いに参加していない場合は、参加を要請します。これはとても大切です。なぜなら、かかわっている人全員が問題を共有していない場合、決定に必要な意思疎通に膨大な時間がかかるからです。

また、参加要請せずに話を進めると、話し合いに参加した人と参加していない人との間で対立関係を生み出し、話し合う前より状況が悪化することもあります。

関係者全員がそれぞれの意見を聴き、違いを共有する

参加者の1人が、中立な立ち位置（全員の権利を等しく尊重する立場）でファシリテーター役となります。参加者1人ひとりの意見を関係者全員で聴きます。そして、課題が生まれている原因がどこにあるかを探っていきます。その場で出た意見については、1人ひとりが判断を保留して〝聴く〟ことを意識してもらいます。もし、他の人の話を中断させるような発言がある場合は、後に発言してもら

うように依頼します。お互いの合意を求めることはしません。

実際になんらかのアクションを起こす

アクションを起こすのは、参加者1人ひとりです。相手を変えるのではなく、自分が行動を変えることを促します。傍観したまま、他者を変えようとすることは何の解決策にもつながらないことを説明します。

しかし、自分が変わることは大変難しいことです。違った見方を受け入れるために、訪問看護や訪

図表4-2● 課題にかかわるときのステップ

問リハビリなどを導入して、「本人の味方を増やす」ことも本人の生活の場を変えるアクションの1つとなります。

最初はそれぞれが主張するだけのディベートのようなセッションになることもありますし、結論を急ぐ人の意図に引っ張られてしまうことも少なくありません。本人よりも意思決定に強い影響を与える人がいる場合には、ここに対話が生まれず、本人の望まない結果となることもありえます。だからこそ、私たちは理念としての権利を基盤としたアプローチやパーソン・センタード・ケアを学び、話し合いに活かしていくことが求められているのです。

治療や薬の処方も本人と相談する

いらだちに対してすぐに薬を希望される家族や周囲の人もおられますが、ここで薬剤だけを投与しても悪循環を先送りにしただけで、改善につながることはありません。本人の行動の背景にある内的要因を探ることが必要です。

ただし、かかわっている方が非常に疲れていて、もう対応できないとSOSを出していることもあります。失行や失認といった症状があり、今の生活に適応が難しくなっている場合もあります。そういった場合には、自宅での生活を客観的にみてアドバイスができる私が信頼している専門職を紹介しています。

こういった対話を重ねることは、実際に治療効果があることがわかってきていて、活用されています。その1つにオープンダイアローグという方法があります。オープンダイアローグとは、フィンランドで発祥した対話による精神疾患にまつわる問題を解消する方法です。社会ネットワークを活用しつつ、精神症状を緩和し、患者への理解を深め、社会参加を促進するためのものです[*3]。

オープンダイアローグでは、①原則本人の自宅で毎日ミーティングを行い、不確実なあいまいな状況に耐える、②対話による言語化、③多様な言葉が響き合う場（ポリフォニー）を創る、という主に3つのことを大切にしています。

認知症のある人が安心安全で対話のなかに招かれること、自分の意見が自由に言える環境を作ることは、単に生活しやすいだけでなく、自尊心の復活や病気の理解にもつながることではないかと思います。

もっとも、保険診療の枠組みのなかで、毎日のように専門職と本人が対話を行うことにはハードルがあります。しかし、地域に認知症の有無にかかわらず交流できる場を作り、そこで対話ができる専門職がいれば、実現は可能ではないかと思います。

まちづくりの主役も本人

認知症になっても住み慣れた地域で生活を継続するためには、人とのつながりが大切なことをお伝えしてきました。地域と一言で言ってもそれぞれ特徴があり、さまざまな活動をしています。ここでは仙台市と阪南市の取り組みを紹介します。

宮城県仙台市パートナー講座

宮城県の県庁所在地である仙台市は人口100万人を有する東北地方最大の都市です。杜の都ともいわれる緑が美しいまちですが、都市化が進み、以前に比べて町内会などの社会的なつながりが薄くなり、隣の人がどんな仕事をしているのかもわからない、そんな状況もあります。一方で、学校教育や会社では、いまだに同調性が求められ、それに合わない人たちは、排除されていく傾向があります。たとえば、認知症のある人に対しても、他者と異なった行動をすると、近くに住んでいてほしくない、と社会的排除の方向に進みます。

では、どのようにしたら認知症の有無にかかわらず包摂される社会ができるのでしょうか？　私は、まずは認知症のある人と住民との当たり前の交流をセッティングすることが重要であると思います。

仙台市では、本人の思いや希望に耳を傾け、味方になって一緒に歩む人を「パートナー」と呼んでいます。人には皆、認知症の有無にかかわらず「人として当たり前に暮らすための権利」があると考え、認知症の本人と家族、私たち専門職で構成される委員で企画立案をして認知症パートナー講座を立ち上げました。

この講座では、次のことを学びます。

＊3　斎藤環『オープンダイアローグとは何か』［医学書院、2015年］

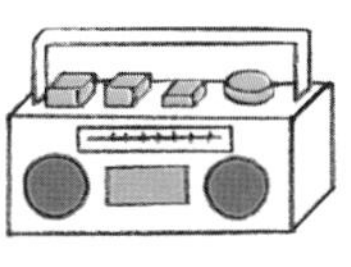

①認知症のある人の声を聴き、本人の視点について学びます。
②認知症のある人や家族が前向きに元気で、よりよく暮らしていくためのパートナーシップについて学びます。
③認知症があってもなくても暮らしやすいまちづくりのために、パートナーとして自分ができることについて、共に考えます。

パートナー講座は、本人の講演またはインタビューと、その人と一緒に活動しているパートナーのコメント、グループワークで構成されています。参加者の多くは、地域で活動する自治会員や民生委員の皆さんです。認知症のある人の体験談を通じて、認知症を自分事として考えたとき、自分がして欲しくないこと、して欲しいことを考えるようになれるのです。

大阪府阪南市の取り組み

大阪府阪南市は、関西国際空港からほど近い人口5万5000人の市で、高齢化率が30%を超えています。ここでは認知症の本人や住民の声から始まり、本人と地域の人がともに活動する場がいくつも生まれています。

「おにぎり会」は、認知症の本人が生きがいとしていた田植えが、自分と妻の病気でできなくなり、田植えを続けられるよう、障害を越えて集まった仲間が始めた会です。

「卓球クラブ中田会」は、国体に卓球の選手として出場された中田利道さんが、認知症になった後も仲間と一緒に卓球がしたいとの思いを実現するために始まった会です。小中学生も参加しています。中田さんは、「月に1回集まり、笑顔がはじけるようにみんな楽しく、明るく、本当によい仲間の集まり」〔原文ママ〕と中田会の重要性を伝えてくださいました。

「マスターズCafe」は藤井房雄さんが、妻が認知症になった時に相談場所や集まれる場所が必要との思いから始まった活動です。藤井さんは「認知症の人、その家族、介護の方々、また健常者もみんな認知症の知識を共有し、安心してゆっくりカフェできる場所を作ることに努めたい」〔原文ママ〕とお

写真4-2●
左から中田さん、水野阪南市長、藤井さん、著者〔阪南市にて〕

っしゃっていました。

こういった活動を側面から支援している認知症地域支援推進員は、それぞれの地域で1人ひとりがご近所、仲間、地域、介護施設、病院などとつながれるようなコーディネートを提供する基盤となるネットワークを構築しています。

推進員の岡やよいさんは、認知症のある人から学ぶという姿勢が自分自身を変えたと語ります。「活動を通して認知症の方と出会い、本人の力を発揮する場所をともに作り上げていくことが、地域にとって必要な社会資源だと認知症のある人から学びました。認知症カフェをあえて立ち上げなくても、住民さんの受け止め方によっては、その人の活動場所になるんだと感心しています。認知症は、他人事ではなく、自分のことでもあるんだと、住民の認知症に対する考え方が少しずつ変わってきています」と、公的機関が地域住民の力を信じて同じ住民としてかかわることが大切であると語ってくれました。

同じ推進員の畠中稔さんは「尊重し合い、あるがままに過ごせる、そんな空間を1人でも多くの方に感じていただきたい」、阪南市役所の大宅優子さんは「認知症でも大丈夫なまちづくりは、本人と考え、ともに活動することで近道を発見できると思う」と述べています。

そして阪南市長の水野謙二さんは、「『誰も1人ぼっちにしない、誰も排除しない』まちを目指し、親しい地域でライツ（権利）を基盤にした共生社会づくりをすすめます」と決意を語ってくださいました。

このように日本においても、本人が参画するまちづくりが始まっています。

鞆(とも)の浦(うら)での取り組み 丹野さんとの旅

丹野智文さんは現在も会社で勤務されています。仕事の内容は営業からは退き、認知症だからこそできる講演などを〝仕事〟として、年間100回以上講演を行っています。講演の前後には、現地の知り合いに相談して、地域の見学をさせていただくこともあります。これは丹野さんが認知症のある人がどんなところで生活しているのか見てみたいという希望から始まりました。

今回は広島県の東側に位置する鞆の浦を訪れました。鞆の浦は、日本で最初に国立公園に認定され、「日本遺産」「重要伝統的建造物群保存地区」「世界の記憶」(ユネスコ)の3つの評価を受けている由緒正しい景勝地です。

ここには丹野さんの知り合いの羽田冨美江さんという方がいらっしゃいます。羽田さんはもともと介護老人保健施設で理学療法士として働いていましたが、2004年からは鞆の浦でデイサービスや小規模多機能型居宅介護事業所を中心とした地域密着型の介護施設を展開されています。利用している方は、鞆の浦に住んでいる方です。その施設群は「鞆の浦・さくらホーム」と名付けられ、認知症のある人や要介護4、5の人も利用しています。

特徴としては介護施設であるにもかかわらず、施設ケアを中心には据えていないことです。小規模多機能型居宅介護の利点を存分に発揮して、利用者がおくりたい生活ができるように、スタッフがご自宅へ出向いてかかわることを大切にしています。そして、その人の生活や交友関係からケアプランを立てています。

認知症と診断されたり、病気になったからといって簡単に介護サービスを使って生活しようという人はまれです。まだ使わない、使いたくない、人に病気を知られたくないという方が多くいます。たとえ介護サービスを利用するようになっても、専門職がふらっと情報収集に行って、交友関係や生活の状況を教えてもらうことはなかなかできません。

さくらホームでは、その人がおくりたい生活や交友関係を理解した上でかかわっています。なぜそんなことができるか。まずは羽田さんご自身が鞆の浦という地域に嫁いで、住民とのお付き合いがあるからです。鞆の浦に住む住人として、家族ぐるみのかかわりがあるのです。

そんな羽田さんであっても、住民との信頼関係を作りあげるのには何年もかかったといいます。「あんたのところで儲けたいんだろう」と言われることもあったそうです。

それでも羽田さんは職員とともに「誰もが地域で住み続けられるまちづくり」をしたいという強い気持ちを持ち続けてかかわり続けました。いまでは「あんたんところがあるから、安心してここで暮らせるわ」「これでわしらも、死ぬまで家でおれるなぁ」と言われるまでになっています[*4]。

私は羽田さんのかかわりから、住み慣れた自分の家で住み続けながら、どんな状態になっても地域にいてもいいんだという「包摂」や「愛」を創り出そうという強い思いを感じました。

なによりも本質である人としての「あり方」を学びました。

写真4-3●
鞆の浦・さくらホーム（小規模多機能型居宅介護）

写真4-4●
鞆の浦・さくらホームの入口

＊4 羽田冨美江著『超高齢社会の介護はおもしろい！』〔ブリコラージュ、2019年〕

丹野さんは、「これが普通ということだよね」という感想をおっしゃっていました。私たちがこの「普通」をそれぞれの地域の特色を大切にしながら、住民とともに作り上げていくことが求められていると思います。これがまさに地域包括ケアですね。

3 スコットランドのリンクワーカー制度

私の診療所での実践

認知症のある人が住み慣れた地域で今後も暮らし続けていくために、私たちは1人ひとりの異なる認知機能障害への対応のみならず、身体の健康状態、本人と周囲の人との関係性にも配慮する必要があります。また、本人や周囲の人が持つ認知症に対する固定観念や漠然とした不安といった大きな障壁を乗り越えることも必要です。

本人や周囲の人の心理的不安が軽減し、本人にとって暮らしに必要な支援がそのときの症状に応じて安定して得られる見通しが立つだけでも、本人や家族の負担感は大きく軽減されます。そのためには早期診断と適切な治療、良好な人間関係、将来の見通しを1人ひとりのニーズに合わせて一緒に考えてくれるような相談担当者との出会いが重要です。

この節では、その具体的な実践として、スコットランドのリンクワーカー制度を私が勤める医院の実践とともにお伝えします。認知症のある人や家族が、周囲の人とつながりながら前向きに生活し続けられるような診断早期のかかわりを意識しています。

スコットランドの診断後支援 5つの柱

スコットランドのリンクワーカー制度にはその要素として、以下の5つの柱があります。

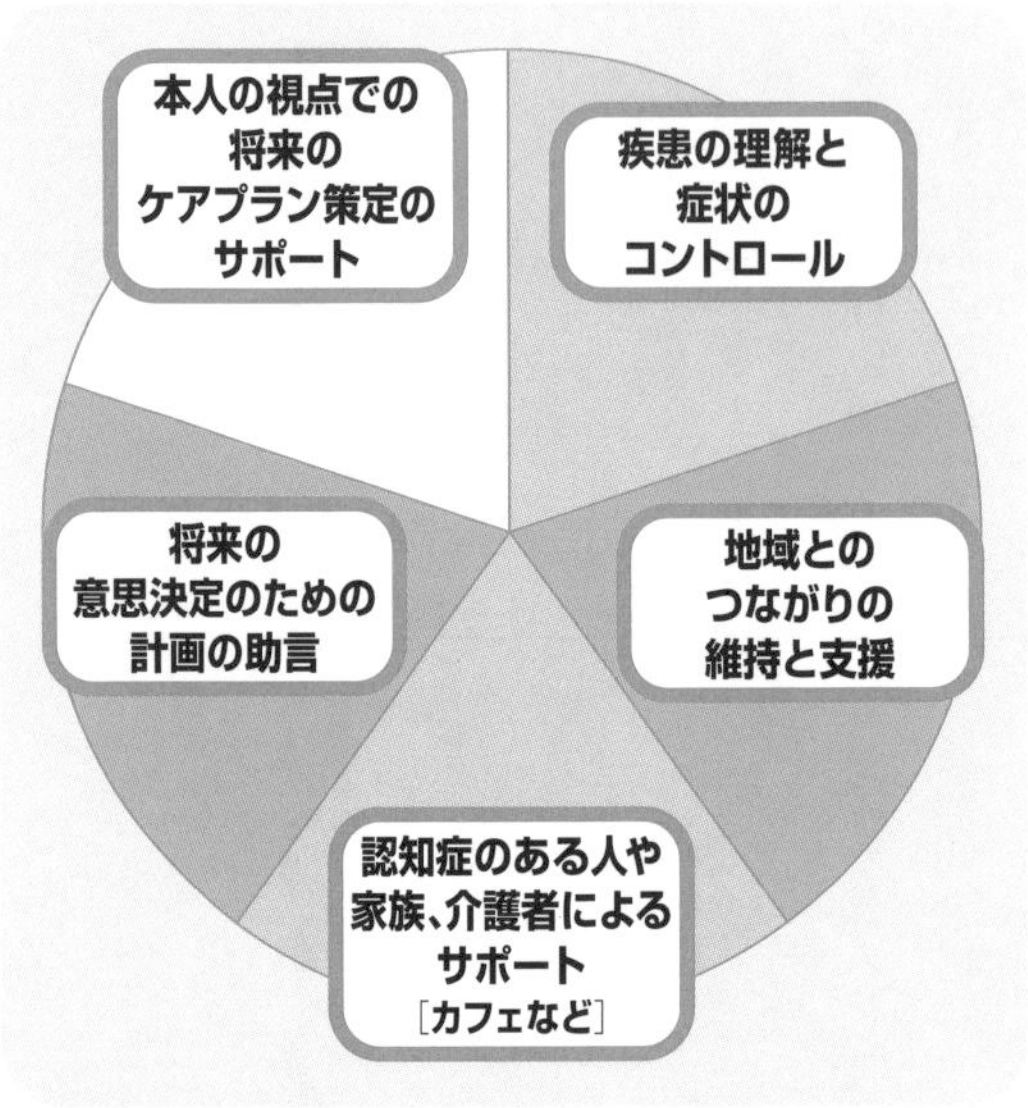

図表4-3● スコットランド リンクワーカー制度［1年間］
認知症の診断直後からの支援 5つの柱

a●病気を理解し、症状とうまく付き合うための支援
b●本人や家族が地域とつながり続けるための支援
c●当事者同士の出会いやかかわりに対する支援
d●将来のケアの計画づくり
e●将来の意思決定のための計画づくり

当院におけるリンクワーカー制度を参考にした診断早期のかかわり

スコットランドではこの支援を専門に行うエキスパートが全国に80名ほどいますが、当院ではリンクワーカーという担当者を作るのではなく、本人や家族にかかわる内外の専門職に次のような内容を理解してもらい、共通した認識を持ってチームでかかわっていく取り組みを目指しています。重視しているのは本人、家族、専門職の水平な関係性です。

a●病気を理解し、症状とうまく付き合うための支援

当院では本人と家族が病気に対して共通認識を持てるように一緒に説明を行います。本人がいないところで説明がなされた場合、自身の病気について知る権利が阻害され、将来について考えるチャン

スを奪うことにもなります。症状が進行した方にもわかるように図表を使う、平易な表現を使う、文書を渡す、統一した説明を繰り返し行うなどの本人の障害に応じた配慮を行って意思決定にかかわれるように説明しています(合理的配慮)。

b●本人や家族が地域とつながり続けるための支援

本人がこれからも地域とつながり、生活をおくり続けるためには、本人に対してなんでもやってあげるのではなく、本人が必要とする支援が得られる環境づくりを、本人と一緒に目指します(合理的配慮)。

近所の住民にも状況の理解が得られるように、本人と家族には周囲の信頼できる人に症状を伝えることの重要性についてお話しします。場合によっては本人や家族の同意を得た上で地域包括支援センターを通じて民生委員などに簡単な病状の説明を行うこともあります。

一方で認知症に対する偏見の強い地域や本人や家族のお考えによっては伝えることを望まない場合もあります。当院では町内会や地域包括支援センターが開催する認知症に対する理解やパートナーシップを深める活動にも協力して、偏見がなくなるよう啓発活動も行っています。

c●当事者同士の出会いやかかわりに対する支援

本人同士、家族同士など当事者同士のピアサポートは、単に語り合うだけでなく、自らが持つ認知症への固定観念を解きほぐし、疾患の理解を深めることにもつながります。当院では本人同士、家族同士が話し合う機会を増やすため、当事者交流会を定期的に行っています。

現在の参加者は、たまたま調理の仕事をされていた方が多く、本人グループでの雑談から生まれた企画として料理教室を行い、作った料理を食べながら交流しています。なお、開催にあたっては当院の管理栄養士と精神保健福祉士がコーディネートしています。

d・将来のケアの計画づくり

本人が生活上大切にしていることや考えをできる限り聴き取り、それを維持する視点から将来のケアについて話し合います。そして本人の望む生活維持のためには、家族へのケアも含めてどのような支援が必要か、地域包括支援センターやケアマネジャーを交えて考えていきます。その後、症状の変化に応じて変更を加えていきます。

e・将来の意思決定のための計画づくり

認知症ではコミュニケーション障害が進行する可能性もあるため、診断初期の段階から、自分で意思決定ができなくなった場合、どのようなかかわりを希望するかなどのアドバンス・ケア・プランニング（ACP）や誰に意思決定を任せるかなどを話し合う機会を設けるようにしています。

3つの要素の出所

実はこのリンクワーカーの5つの柱は、この本の3つの要素と大きく関連しています。例えば「a

●病気を理解し、症状とうまく付き合う」ことや「**c●当事者同士でかかわること**」は、**第3章第3節**「**認知症についての適切な知識や情報を得る**」ことと関連しています。

「**b●地域とつながり続ける**」ことは、**第3章第1節**「**私たちと同じ『人権』のある人として接する**」、**第3章第2節**「**水平(対等)な人間関係を作る**」ことと関連しています。

「**d●将来のケアの計画**」は、当たり前ですが認知症のある人も私たちと同じように「やりたいことがある人」としてかかわることで初めてプランが立てられます。

さらに「**e●将来の意思決定**」は3つの要素すべてが合わさって初めてできるものだと考えています。

リンクワーカーの実践事例

実践事例として、片倉文夫さん［149ページ］への支援をご紹介します。

a●病気を理解し、症状とうまく付き合うための支援

私は片倉さんと長男に、検査の結果を説明し、蛇の幻視や毎日間取りが変わるような不思議な体験はレビー小体型認知症の症状の1つであることを説明しました。薬物治療の併用で現在では蛇の出現はめったにみられなくなり、出てきてもそれが幻だと認識することができるようになったとおっしゃっています。また、処方する薬剤は、副作用などについても説明を行い、症状に応じて調整しています。

b●本人や家族が地域とつながり続けるための支援

片倉さんは、自ら認知症になったことを同じマンションの仲のよい住民に伝えました。そうすると「実は私もそうだ」「私も心配だから先生を紹介してほしい」と伝えてくれる方が複数いたそうです。以前からマンションで主催しているワインパーティー（同好会）でも自身の病気について伝えた上で継続しています。知人には道を歩いているときに声をかけてくださる方も多いそうです。独立している息子さんも片倉さんが周囲の人に認知症であることを伝えることに理解を示しています。片倉さんは、「今後マンションの人に助けてもらうことも増えると思うけれども、認知症の私が助けることや、できることがあるかもしれない」と考えています。

その具体的な行動として、片倉さんは行政などが主催する講演会で、自らの体験を語る活動を行っています。私は主治医として、レビー小体型認知症の特徴を踏まえて、待ち合わせ場所の統一、前日と当日にリマインドの電話、会場までの交通手段（体調や場所によってはタクシーを手配）、午前中は体調がよくないことが多いため講演の開始時間をなるべく午後にするなど、本人に合わせた合理的配慮についてアドバイスします。

c●当事者同士の出会いやかかわりに対する支援

片倉さんには、丹野智文さんなど認知症当事者との交流もあります。片倉さんは当院のピアサポートでも自らの体験を話してくださいます。ある時、当院に通院する他のレビー小体型認知症の方とお話しする機会がありました。その方は、片倉さんの蛇の幻視の話を聞き、黙って涙を流されたそうです。ピアサポート後の診察の時にその方に涙の理由を聞くと「初めて自分の症状を理解してくれる人と出会えた」と喜ばれていました。同席していた長女さんも、本人の症状が特別なものではないことを理解し、さらに片倉さんが笑顔で生活している様子を見てずいぶん安心したとのことです。

d●将来のケアの計画づくり

片倉さんは現在一人暮らしなので、苦手な整理整頓を手伝ってもらえるように、介護保険の申請を行い、週1回訪問介護サービスを利用しています。健康に留意してウォーキングを続け、お気に入りのレストランでランチをとることを日課にしています。今後も自宅で生活することを望んでいるので、状況に応じて在宅生活を続けられるようなケアプランづくりに主治医としてかかわっています。

e●将来の意思決定のための計画づくり

片倉さんがこれからどのように暮らしたいか、どのような医療を受けたいか、自分で意思決定ができなくなった時に誰に頼るのかというのは、とても大切なことです。しかし、将来の計画はとても繊細で多面的な見方が必要なことなので、意思決定の支援に対しては難しさを感じながらかかわっています。

ただ、外来診療のメリットは、すべてを一度に決めなくてよいことです。私は時間を味方につけて、ご本人の話したいタイミングでお話しすることを心がけています。

片倉さんとはご自身の話や、入所されている奥様のご様子をうかがったり、遠方に住む息子さんの話もします。また、片倉さんが他の認知症のある人と対話することで、将来の生活が具体化してくることもありました。私たち専門職が将来のことを押し付けることなく、ご本人が選択しやすい問いを提供することを心がけています。

この章のまとめ

ここまで認知症のある人との具体的なかかわりについてお話しました。一言で言うと、認知症という障害を理解し、いかに対話を続けるかという言葉に置き換えられるかもしれません。対話を続けるためには、専門職が自らの枠組みを外し、認知症のある人の視点で考えることが求められていることがおわかりいただけたかと思います。

また、専門職は多職種連携を通じて、本人が望む生活をおくれるように、本人の味方を増やすことを意識し、家族にも本人の希望を伝え、現状を保留にするための支援［223ページ］を調整することを目指すことが求められます。

そして本人同士、家族同士のピアサポートの力を知って、場をコーディネートすることも必要です。これはいわば、誰もが当たり前に生活する権利を保障する、つまり合理的配慮につながることなのです。

終章

認知症の有無にかかわらず住みやすいまちを作るために

誰もが笑い合える場を作りたい

私が認知症という病気を学び、診察に携わるようになって20年近くが経ちました。最初は、神経内科専門医、次に認知症専門医となり、最先端の認知症研究に則って診療をしていました。医学研究は日進月歩ですのでブラッシュアップは日々続けています。

その後、パーソン・センタード・ケアを学び、かかわる自分の人間性が、認知症のある人の行動に影響を与えることを知りました。さらに、仙台に来て丹野智文さんら認知症の経験専門家と水平な関係性のなかで病気以外のことも話すようになって、認知症になってもこれまでどおり笑顔で生活をおくり続けたいという当たり前の気持ちがあり、それを実現するのが私たちの責務であることを理解しました。

スコットランドでは、ジェームズ・マキロップさんら認知症当事者とともに多くの時間を過ごしたことで、「認知症とともによく生きる」ということがどういうことなのか理解することもできました。病や老いは誰もが避けられないものです。それを1人の人として率直に話し合える場があったらよいなと考えるようになりました。

私はこれまでにも当事者による当事者のための相談窓口である「おれんじドア」や本人同士のしゃべり場である「ピアサポート」、本人と家族のための「料理教室」などの立ち上げに携わってきました。しかし、何か欠けているところがあるんじゃないかと思い2019年11月から始めたのが、ご家族同士での話し合いの場です。

ともに集い、学び、笑う体験を創出する T's gathering Café構想

こうやって人と人との交流の場を作っていると、新たな気持ちが沸き上がってきます。きっと、専門職も1人の人として自分のことを話す時間や仲間が欲しいんじゃないかと思ったのです。そこで作ったのがT's gathering Café構想です。

ロゴマークの5つの花弁はパーソン・センタード・ケアの心理的ニーズを表しています。誰もが心理的なニーズを満たすことができ、排除されず、受け入れられる、そんな場を目指しています。

T's Gathering café
ともに集い、学び、笑う体験を創出する

図表1● T's Gathering Caféのロゴ

人にはそれぞれ強みと弱みがあります。私の強みは、神経内科医として心身の病気についての研究および実践や精神科での診療経験があること、またそのような病気のある人が生活し続けられるような工夫やアイデアを知っていることです。また、認知症の本人から学ぶことや、本人から学べるシステムを応援しています。「敷居を下げた心療、認知症のある人への訪問を含めた活動」をベースにしながらも、病気のある人とかかわる医療・介護・福祉に関する企業への相談に乗ったり、自治体の地域包括ケア教育にも携わっていきたいと考えています。

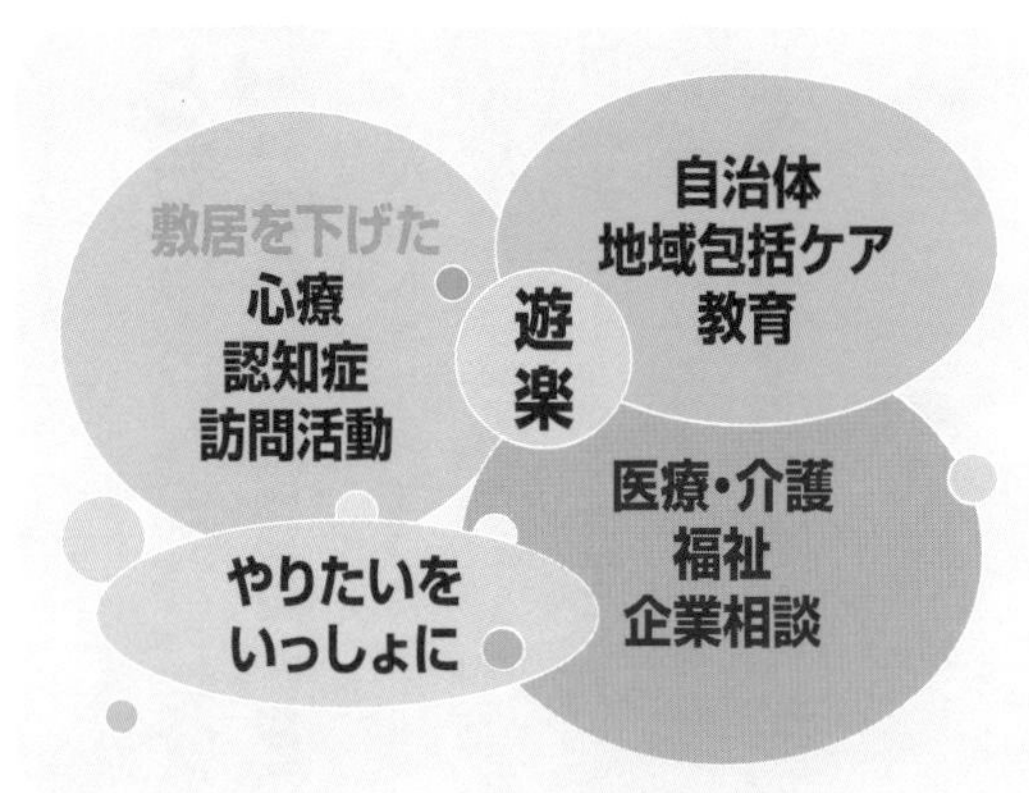

図表2●
T's Gathering Caféの事業イメージ

図表2の中にある小さなドットはアイデアの「種」です。さまざまな人から出てきたアイデアが芽を出し、伸ばし合うような場ができればと思っています。ワークショップには最先端のチェンジマネジメントスキルも取り入れています。

T's Gathering Caféの活動は、継続的に行っていく必要があります。もしこういった考えや活動に共感する仲間がいれば、無理せずそれぞれができる範囲でできることを自由に広げていき、楽しんで一緒に活動できればと思っております。活動の詳細はホームページをご覧ください。メッセージも送信できます〔https://tetsuroishihara.wordpress.com/〕。

現在置かれている状況を保留することの大切さを伝える

しかしこういった活動は、かかわっている私たちにとっては成果が見えにくく、達成感が得られるものではないかもしれません。高齢者や認知機能の低下した方が「自宅で生活することを選択できることは、あなたが持つ人権である」と伝えることはできますが、それはケア施設で過ごすよりもリスクが高いのでは、と考える人もいます。家族の意見とは相反するなかで本人が自宅での生活を希望した場合、私たちはどうかかわっていったらよいのでしょうか？

英国の詩人ジョン・キーツは、不十分な状態であっても実際に起きていることに目を背けずに、短期的に評価せず、現実をしっかりと見据える。そして、その結論の出ていない状況においても心の平静を保つ力の大切さを説き、「ネガティブ・ケイパビリティ」と表しました*1。認知症のある人や家族、そして専門職である我々も同じだと思います。徐々に出現する認知機能の低下や生活機能障害、見通しのきかない状況に対して、支援者として不安な方も多いと思います。そのとき、その不安定な状況を家族や専門職が安定感のある、妥当だと思う方向に引っ張っていってしまうことが起こります。そこで私たちこそが一歩踏みとどまり、本人の状況をみながら現状に留まることができる能力を養うことが、認知症とともに生きる人が地域で生活していくために必要なのだと思います。

日本の老年看護学を体系化した中島紀恵子先生も、かねてから高齢者や認知症のある人が自宅で生活し続けるために、家族がおかれている状況を「宙づり状態にできる」ように支える必要があると表現しています*2。

まず相手の話を聴き、じっくりと考え、本人にとって何が必要なのか、現在の状況を打開はできなくとも、保留することができ、そのままの生活を継続できる可能性について、本人との対話を繰り返した上でいろいろと試すことこそが、相手の生活状況の悪化を防ぐことにつながると私は考えています。

持続可能な社会づくり

皆さんは、ＳＤＧｓという言葉を聞いたことがありますか？　ＳＤＧｓは２０１５年に国際連合総会で決まった「持続可能な開発目標」のことです。ＳＤＧｓには17個の目標があります［図表3］。ＳＤＧｓには２０３０年をこういう世界にしたいという〝未来像〟が描かれており、経済・社会・環境のバランスが取れた成長が求められています。

私のT's Gathering CaféはＳＤＧｓのなかでも次の３つについて集中的に取り組んでいきたいと思

図表3● SDGsの17項目

＊1 John Keats, The Complete Poetical Works and Letters of John Keats, Boston:Houghton, Mifflin and Company, 1899

＊2 中島紀恵子「痴呆性老人の（デイ）ケアにみる『ケアの内実』に関する研究」［日本社会事業大学社会事業研究所年報、Vol.25、143ページ、1989年］

っております。

「❸**すべての人に健康と福祉を**」については、認知症のある人との自然な会話を通して障害への個別の理解を深めて、本人に必要な福祉制度を提供するサポートをしたり、認知症のある人とともに当事者の視点からサービスの評価を行います。

「❽**働きがいも経済成長も**」については、ワークショップ形式で介護・福祉現場の職場の改善のサポートをしたり、具体的な事例の解釈について直接アドバイスすることで、職場の働きやすさにつなげる活動を行います。

「⓫**住み続けられるまちづくりを**」については、障害のある本人を含めたワークショップを行うことで、本人から学ぶ機会を創出します。そうすることで障害の評価と在宅生活をおくるための秘訣を得ることができるでしょう。また、本人の体験を地域の人が共有することで、認知症に対する過剰な不安を減らし、認知症の有無にかかわらず住みやすいまちづくりができると思っています。

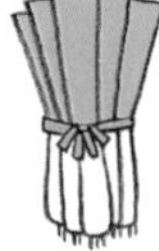

おわりに

世界中で紛争が勃発し、国際関係における不寛容さが毎日のようにニュースになり、一地域の感染症があっという間に世界中に広がるという世の中にあって、多くの人の心の中に少なからずパニックが起こっていると感じます。

感じ方は人それぞれで、ちょっとした不安を感じながらも自分は関係ないと思いながら生きている方もいます。とても心配になり苦しくなり家から出られなくなっている方もいます。

この不確実な世の中において、奇跡的に同じ時代を生きる私たちが、多様性を維持しながらどのようにかかわりあうのかを試されているような気がしています。だからこそ、現場からSDGsが作られたのだと思います。

この本のなかで述べたような認知症に関する複雑な課題の解決を考えるとき、思い浮かべているのは晏陽初（あんようしょ）［1893-1990］の「GO TO THE PEOPLE（人々の中へ）」という詩です。晏は中国の社会教育運動家として、人々の農村における教育のあり方に多大な影響力を及ぼした人です。

人々の中へ

人々の中へ行き、
人々と共に住み、人々を愛し、人々から学びなさい。
人々が知っていることから始め、身振りで教え、自らもその過程から学びなさい。
出来合いのものではなく、いかにそれを作るかを重視しなさい。
中途半端なものではなく、システムを作りなさい。
助けてあげるのではなく、人々の解放を目指しなさい。
最高の指導者と共に、仕事を終えたとき、人々は口々に言うでしょう。
「私たちが自分でやり遂げたのだと」

皆さんが、この本を通じて小さなことからでも実践し、「自分でやり遂げた」と感じていただければ望外の喜びです。

この本を作成するにあたり、自分の頭の中の棚卸をしていると、とてつもなく多くの方から知識や体験を授けていただけたことを再認識しました。お名前は多すぎて書き上げることができないため、この場を借りてお礼申し上げます。

この本は私が認知症のご本人から学んだことが満載です。診療を通して出会った方々、認知症の本人の活動を通して出会った方々に感謝申し上げます。特に今回自らの体験を快く語っていただきました、鈴木理さん、辻井博さん、阿部長治さん、片倉文夫さん、藤田和子さんには本当に感謝申し上げます。皆さんの体験を聴かせていただけなければ、この本はできませんでした。

スコットランドでさまざまな助けをしてくださった認知症当事者のジェームズ・マキロップさん、妻のモーリーンさん。そして友人の丹野智文さんには日々のアドバイスに加えて、この本についてもさまざまなアドバイスをいただき、ありがとうございました。「まだまだだなー」という声が聞こえてきそうですが、現時点での私の精一杯をこの本に込めました。また遊びに行きましょう！

また、家族としての気持ちを快く掲載していただいた中川経子さんにもいろいろと相談させていただきました。この場を借りてお礼申し上げます。認知症と紛争解決についての共同研究をさせていただいている石原明子先生、PD Japanの伊藤保さん、河村洋子先生、そして、常日頃からご指導頂いている山崎英樹先生や清山会医療福祉グループの職員の皆さん、地域で活動する専門職の皆さんに深謝します。

この企画をすすめ、細やかにチェックしていただいた中央法規出版の寺田真理子さんに感謝申し上げます。

最後に、余暇の多くの時間をこの書籍の作成や活動に充てることをいつも許してくれる妻になによりも感謝します。ありがとう。

著者略歴

石原哲郎

いしはらてつろう

医療法人社団清山会みはるの杜診療所院長

博士(医学)・神経内科専門医・指導医、認知症専門医・指導医

東北大学医学系研究科高次機能障害学助教、

英国エディンバラ大学健康社会学部認知症の経験研究エディンバラセンター客員研究員を経て、

医療法人社団清山会みはるの杜診療所に院長として招聘。精神科診療に従事。

診療のかたわら令和2年2月T's Gathering Caféを立ち上げ、代表となる。

専門は認知症診断・診断後支援、危機対応。

高齢者の地域連携に関するファシリテーション、

認知症と診断された人や家族への支援、ご本人同士の社会活動を共に行うとともに、情報を発信している。

世界中の認知症当事者と交流している。

仙台市認知症サポート医、認知症初期集中支援チームドクター、おれんじドア実行委員

認知症ケアマッピング(DCM)上級ユーザー、日本認知症ケア学会代議員

受賞歴:認知症ケア学会石崎賞、名古屋大学神経内科同窓会学術奨励賞

最新情報・依頼などはホームページから

https://tetsuroishihara.wordpress.com/

なぜ、認知症のある人とうまくかかわれないのか?
本人の声から学ぶ実践メソッド

2020年6月20日　初版発行
2020年9月20日　初版第2刷発行

著者●石原哲郎
発行者●荘村明彦
発行所●中央法規出版株式会社
〒110-0016　東京都台東区台東3-29-1　中央法規ビル
営業●TEL03-3834-5817　FAX03-3837-8037
取次・書店担当●TEL03-3834-5815　FAX03-3837-8035
http://www.chuohoki.co.jp/
装幀●日下充典
本文デザイン●KUSAKAHOUSE
イラストレーション●小峯聡子
印刷・製本●新津印刷株式会社
ISBN978-4-8058-8173-6

本書の内容に関するご質問については、左記URLから「お問い合わせフォーム」にご入力いただきますようお願いいたします。
https://www.chuohoki.co.jp/contact/